语言技巧与实践丛书

◇丛书主编／唐树芝

◇丛书副主编／袁新华

朗诵语言技巧与实践

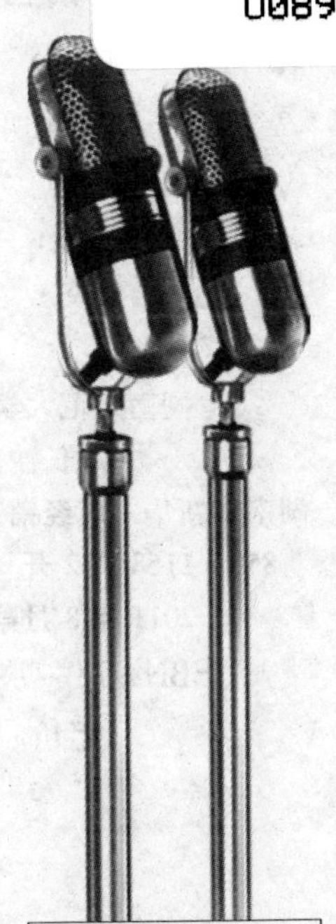

湖南师范大学出版社

图书在版编目（CIP）数据

朗诵语言技巧与实践／路英著．—长沙：湖南师范大学出版社，2002.10

（语言技巧与实践丛书/唐树芝主编　袁新华副主编）

ISBN 978-7-81081-220-7

Ⅰ.朗...　Ⅱ.路...　Ⅲ.汉语—朗诵—语言艺术

Ⅳ.H119

中国版本图书馆 CIP 数据核字（2002）第 079472 号

朗诵语言技巧与实践

路　英　著

策划组稿：孙利军　刘苏华

责任编辑：李　阳

责任校对：全　健　李今铁

湖南师范大学出版社出版发行

（长沙市岳麓山）

湖南省新华书店经销　　国防科技大学印刷厂

850×1168　32 开　7.125 印张　179 千字

2011 年 8 月第 1 版第 2 次印刷

ISBN 978-7-81081-220-7

定价：14.80 元

前　言

美国著名教育家、演讲理论家戴维·卡耐基在《口才训练妙诀》一书中指出：“一个人的成功，约有百分之十五取决于技术知识，百分之八十五取决于人类工程——发表自己意见的能力，担任领袖的能力和激发他人热忱的能力。”这三种能力，哪种能力又能离得开口才呢？美国人类行为科学研究者汤姆士说得更直接：“说话的能力是成名的捷径。”他甚至断言：“发生在成功人物身上的奇迹，一半是由口才创造的。”（转引自陈大海《公共口才教程》，中山大学出版社 1997 年版，第 14 页。）当今世界，科学技术飞速发展，信息量极为丰富，而且高度企业化、全球化。“地球在缩小，舌头在延长”，这是现代社会带给人们的两个最鲜明感觉。因此，与之相适用的人才，必须具备良好的口才。

良好口才的表现特征，应该是敢说、有说、会说。敢说，是由良好的心理素质决定的；有说，取决于精深的修养与深厚的积累；会说，则源于娴熟的技巧与技艺。

基于对社会、人才、口才内在关系的理解，2001 年上半年，由湖南师范大学出版社策划，长沙大学唐树芝教授担任主编，湖南省旅游局副局长袁新华担任副主编，编写了一套语言技巧与实践丛书。

丛书从语言技巧的视角切入，立足实践，以驾驭实例的方式，循序渐进地全面地促成技巧向能力转化。阐述力求简明、精当，举例讲究典范、时新。

丛书的作者分别是：

《演讲语言技巧与实践》——长沙大学唐树芝；

《主持语言技巧与实践》——湖南师范大学黄瑛，湖南都市频道曾致；

《导游语言技巧与实践》——湖南师范大学赵湘军；

《朗诵语言技巧与实践》——湖南广播电视学校路英。

但愿这套丛书，能带给读者一定的裨益。

书中的肤浅、疏漏在所难免，诚望专家、学者、同仁、读者不吝赐教。

编　者

目 录

第一章 朗诵概说

本章主要介绍什么是朗诵，朗诵的构成要素，朗诵的意义和朗诵的要求。

第一节 什么是朗诵

朗诵，是把作品的书面文字转化为口头上的有声语言的一种创作活动。它不是简单地照本宣科、念字出声，而是通过朗诵者的再创造，把静止的、无声的书面文字变成活生生的、更能表情达意的口头语言。朗诵，在通常情况下也叫朗读。“读”，《辞海》解释为“照文字念诵”，《现代汉语辞典》解释为“看着文字念出声音”；“诵”《辞海》解释为“朗读”，《现代汉语辞典》解释为“读出声音来”。可见，“读”与“诵”属于同义词，朗读与朗诵没有本质上的差别，在一般情况下可以通用。但朗读侧重实用性，如读报刊上的文章、读文件、读讲稿、读课文；朗诵则侧重于表演性，材料多为文学作品，如诗歌、散文、小说。可以说，朗读是朗诵艺术的基础，朗诵则是在此基础上的进一步升华和提高。

第二节　朗诵的意义

朗诵（朗读）是一项很好的语言活动，它对于人们的许多方面都有重要意义。

一、朗诵能陶冶情操，提高素养

好的作品是丰富的精神食粮。以古诗文为例，江泽民同志号召大家学一点古典诗文，中国青少年发展基金会继“希望工程”之后又推出了“中华古诗文经典诵读工程”。中华古诗文兼跨德育、智育、美育三大范畴，凝结了前人对人生、社会自然万物的文化观察，闪现着中华民族所特有的精神基因。蕴含在古诗文中的热烈的爱国情愫，崇高的人格精神，诚挚的道德操守，忠贞的爱情观念，是国人重建人生信念的重要资源。“腹有诗书气自华”，经常诵读古诗文，能够提高精神境界，给人以信念和人格力量。特别是青少年，直面经典，潜移默化，对人格发育，对培养正直、无私、自律等社会责任感很有益处。当然，现当代的优秀作品也具有同样的作用。朗诵毛泽东的诗词，你难道不被他那崇高的情感、博大的胸襟和顽强的意志所激励、所感动吗？总之，朗诵（朗读）能使我们陶冶情操、增长知识、提高素养。

二、朗诵能提高语言表达能力

朗诵（朗读）的过程实际上是一个学习、摄取、积累的过程。名家们叙事、明理、状物、抒情的高超手法，作品中那精美的词语、生动的修辞、严谨的逻辑、巧妙的布局、动人的韵律，都会在诵读过程中被吸收，被储存。积累多了，表达能力就会不断提高，表达起来就可出口成章、下笔成文。诵读的确是提高语言表达能力的一条重要途径。

三、朗诵（朗读）有助于增强语文教学效果

语文教学有听、说、读、写四个环节，读，是一个重要环节。“严格地说，书面上写的语言是不完全的语言。语气、语调、语势、语感、抑扬顿挫、轻重缓急，书面上受到局限，全都表达不出来……口头语言中因为多了一层语音的作用，于是它才增加了活力，有了跳跃着的生命。”（徐世荣）常有这样的情况，有时，我们看一篇作品没觉得怎么样，但听了别人声情并茂的朗诵之后，那感受就大不一样了。所以，只有读，特别是精心准备的朗诵，才能更深刻地理解，更具体地感受。特别是汉语言的美（整齐美、抑扬美、回环美），不通过读，是无法深切感受的。语文教学中的“读”（教师的范读、学生的练读）对学生感受力、想象力和理解力的培养无疑有着很大的好处。

四、朗诵（朗读）可以帮助我们学习普通话

随着改革开放的不断深入和发展，随着中国加入世贸组织，人际交流越来越频繁，越来越广泛，学习推广普通话已经成了当务之急。学习普通话有许多的方法，通过朗读来学无疑是一种重要的方法。诵读的基本要求是把字音读准，这就逼着你去查，去练，在诵读的过程中，你就可以逐渐地克服方言的影响，发好普通话的标准音。例如，朗读苏轼的《题西林壁》：

横看成岭侧成峰，远近高低各不同。
不识庐山真面目，只缘身在此山中。

可以帮助你分辨平翘舌音。朗读王勃的《送杜少府之任蜀州》：

城阙辅三秦，风烟望五津。
与君离别意，同是宦游人。
海内存知己，天涯若比邻。
无为在歧路，儿女共沾巾。

可以帮助你分辨前后鼻音。朗读与学习普通话同时并举，一举两得，何乐而不为呢？

第三节　朗诵的要素

朗诵包含朗诵者、听者、作品和环境等几个要素。

一、朗诵者

朗诵者是创作的主体，是最重要的因素。朗诵者的情况直接关系着朗诵的成败。朗诵者必须具备良好的素质，如思想素质、人品素质、语言素质、文化素质等。朗诵绝不是单纯的语言技巧问题，更为重要的是内在素质问题。“有什么样的修养，就有什么样的艺术。”学习朗诵，必须重视内在素质的培养。

二、听者

听者是朗诵接受的对象。作为表演性的朗诵，必须顾及对象。要根据对象的不同情况来选择朗诵材料、运用朗诵技巧。

三、作品

作品是朗诵创作的基础。不是所有的作品都适合于朗诵，要选择那些声韵铿锵、朗朗上口的作品来朗诵。另外，选择作品的时候，还要考虑听者、时代、环境等因素。

四、环境

朗诵创作的语境。语境是制约语言表达的一个重要因素，语言表达一定要顾及语境。要注意朗诵的具体时间、地点、条件等因素，比如，新年、春节、五一、十一、课堂、舞台、广播、电视等等。不同的环境，在选材和表现上都应该有所区别。

第四节　朗诵的要求

朗诵的基本要求有以下几点：

一、咬字准确规范，清晰流畅

语音要标准，符合普通话的要求，符合规范，不要读错别字。吐字要干净利落、自然流畅；不能含糊不清、结结巴巴。

二、声音宽松圆润，朴实明朗

朗诵主要是声音的艺术，声音的好坏，对朗诵效果关系极大。一定要注意声音的锻炼。要让自己的声音好听、好用、富于表现力。

三、表达恰切、充分，生动、自如

要准确，从宏观的把握到微观的处理，从整体的态度、情感到具体的停顿、重音、语气、节奏，都应当是准确的。要充分地体现作品的思想内容和精神实质。要形象生动、亲切自如，不干巴，不板滞。

四、表情适度、得体，自然、大方

这里的表情指的是体态表情，包括面部表情、手势和身体动作。朗诵主要靠面部表情，手势动作也需要，但一定要适度、得体，符合作品的要求，切不可过多、过滥。动作、表情还要自然、大方，不可装腔作势，生硬、做作。

第二章 朗诵的咬字技巧

朗诵必须讲究咬字，一要准确规范，二要优美动听。本章就是从这两个方面讨论咬字问题，包括音节的声、韵、调，语流音变、汉字正音和字音美等问题。

第一节 读准声母

一个音节的发音是由声母、韵母、声调三个要素决定的。要发准声母，首先要了解声母的发音条件，掌握声母的发音特性，发好每个声母。同时，还要知道自己的方言声母和普通话声母之间的对应规律，进行辨正。

一、声母的发音

声母就是音节开头的辅音。辅音的最大特点是受阻，首先得知道在哪儿阻，这是部位问题，然后是怎么阻，这是方法问题。任何一个声母的发音都是由发音部位和发音方法这两个方面决定的。

附：发音器官示意图

（一）声母的发音部位

发音部位就是声母发音时气流受到阻碍的位置。普通话的21个声母按发音部位的不同可分为七类：

1. 双唇音　双唇阻塞。有 b、p、m 三个。

2. 唇齿音　上齿接近下唇形成阻碍。只有 f 一个。

3. 舌尖前音　舌尖抵住下齿背，舌叶与上齿龈形成阻碍。有 z、c、s 三个。

4. 舌尖中音　舌尖抵住上齿龈形成阻碍。有 d、t、n、l 四个。

5. 舌尖后音　舌尖抵住或接近硬腭最前部（上齿龈与硬腭交界处）形成阻碍。有 zh、ch、sh、r 四个。

6. 舌面音　舌面前部抵住或接近硬腭形成阻碍。有 j、q、x 三个。

7. 舌根音　舌根抵住或接近软腭形成阻碍。有 g、k、h 三个。

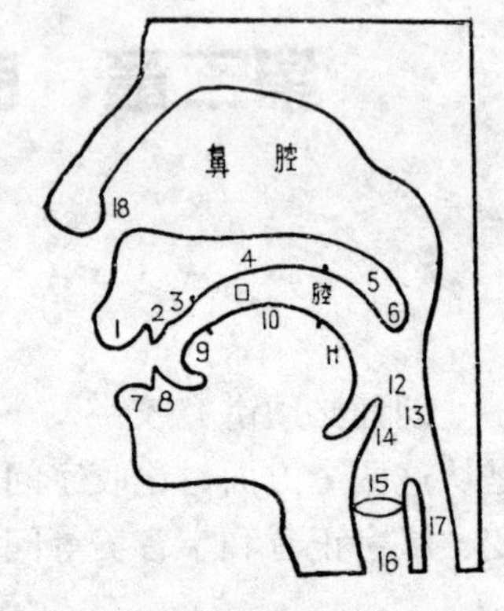

发音器官示意图

1. 上唇 2. 上齿 3. 齿龈 4. 硬腭 5. 软腭 6. 小舌 7. 下唇 8. 下齿 9. 舌尖 10. 舌面 11. 舌根 12. 咽头 13. 咽壁 14. 会厌 15. 声带 16. 气管 17. 食道 18. 鼻孔

（二）声母的发音方法

声母的发音方法，从三个方面分析：

1. 阻碍的方式

根据阻碍和消除阻碍的不同方式，把声母分为塞音、擦音、塞擦音、鼻音、边音五类。

（1）塞音　发音时，两个部位完全阻塞，软腭上升，堵塞鼻腔通路，气流冲破阻碍，爆破成声。发音短促有力，没有摩擦，不能延长。有 b、p、d、t、g、k 六个。

(2) 擦音 发音时，两个发音部位接近，留条窄缝，软腭上升堵塞鼻腔通路，气流从窄缝中挤出，摩擦成声。有 f、s、sh、r、x、h 六个。

(3) 塞擦音 发音时，两个发音部位完全堵塞，软腭上升，堵住鼻腔的通路，气流先把阻塞部位冲开一条窄缝，接着从窄缝中挤出，摩擦成声。有 z、c、zh、ch、j、q 六个。

(4) 鼻音 口腔中两个发音部位完全闭塞，软腭下降，打开鼻腔通路，气流振动声带，从鼻腔流出。有 m、n 两个。

(5) 边音 发音时，舌尖抵住上齿龈的最上方，软腭上升，堵塞鼻腔的通路，气流振动声带，从舌头的两边流出。只有 l 一个音。

2. 声带是否振动

按发音时声带是否振动，声母分为清音和浊音两类。

清音 发音时，声带不振动，声音不响亮。普通话中，除了 m、n、l、r 之外，其余 17 个声母都是清音。

浊音 发音时，声带振动，声音响亮。普通话声母中浊音很少，只有四个，即：m、n、l、r。

3. 气流的强弱

按发音时呼出气流的强弱，有的声母又分为送气音和不送气音两类（只在塞音和塞擦音中划分）：

(1) 送气音 发音时，呼出的气流比较强。有六个，即：p、t、k、q、ch、c。

(2) 不送气音 发音时口腔呼出的气流比较弱。也是六个，即：b、d、g、j、zh、z。

送气音与不送气音是成对的，塞音三对，塞擦音三对。送气与否在普通话中是十分严格的，一定要分辨清楚。

把发音部位和发音方法综合起来，列出一张声母发音表，从表中可以清楚地看出每个声母的发音特性。例如，b 是双唇不送气清塞音，f 是唇齿清擦音，c 是舌尖前送气清塞擦音，n 是舌尖中浊鼻音，l 是舌尖中浊边音。这里不一一列出，请大家自己说出来。应该指出的是，凡是辅音都是由发音部位和发音方法这两个条件决定的，只要给出这两个发音条件，我们就能发出那个音。

普通话声母发音总表

发音方法 \ 声母 \ 发音部位			双唇音	唇齿音	舌尖前音	舌尖中音	舌尖后音	舌面音	舌根音
			上唇下唇	上齿下唇	下齿背舌尖	上齿龈舌尖	硬腭前舌尖	硬腭舌面	软腭舌根
塞音	清	不送气	b			d			g
		送气	p			t			k
塞擦音	清	不送气			z		zh	j	
		送气			c		ch	q	
擦音	清			f	s		sh	x	h
	浊						r		
鼻音	浊		m			n			
边音	浊					l			

二、声母辨正

把自己的方言声母同普通话的声母比较一下，找出对应规律，把那些不符合普通话语音标准的改正过来。

声母辨正的重点是以下几组音：

(一) 辨平翘—— z、c、s－zh、ch、sh

舌尖前音 z、c、s，习惯上叫平舌音；舌尖后音 zh、ch、sh，习惯上叫翘舌音。这两组音在普通话中是分得很清楚的，而在许多方言（特别是长沙方言）里却分不清。多半是缺少翘舌音，常常是把翘舌音的字读成平舌音，必须改正过来。

这两组音发音方法相同，发音部位不同。z、c、s 舌尖在齿背，zh、ch、sh 在硬腭的最前部。改平舌为翘舌，只要把舌头抬起来就可以了，声母本身发音并不太难，难就难在记字上。平时念惯了平舌，那么多字要改成翘舌，怎么记呀？下面介绍一些方法帮助记忆。

一是，利用形声字偏旁类推。不少形声字声旁能表示读音，可以类推。例如，我们知道“成”为翘舌，那么，以它为声旁的“城”“诚”“盛”“铖”“晟”“宬”等，也都读翘舌。“宗”为平舌，以它为声旁的“综”“踪”“棕”“腙”“鬃”“粽”等，也都读平舌。用此方法，可以由一个字带出一串字。

二是，利用普通话声韵配合规律类推。例如，普通话中 ua、uai、uang 三个韵母，只拼 zh、ch、sh，不拼 z、c、s，这样的音节的声母只能是翘舌音（如“抓”“拽”“庄”等字）。ong 韵母拼 s 不拼 sh，因此，“松”“耸”“送”等字只能是平舌。

三是，记少不记多。普通话中，平舌音字比翘舌音字要少得多，记住少的一边，多的一边大胆读翘舌就是了。

上面三种方法也适用于其他的语音辨正。

（二）辨鼻边——n－l

鼻音 n 与边音 l，在普通话里是分得很清楚的，在一些方言里（特别是南方）是相混的，南方人发这两个声母主要有两个方面的困难，一是读不准音，二是分不清字。首先要把这两个声母的音发准，然后是注意记字。怎样才能发准并分清 n 和 l 呢？这两个音发音部位相同，都是舌尖中音；发音方法不同，n 是鼻音，发音时软腭下降，关闭口腔，气流从鼻腔出来；l 是边音，发音时软腭上升，关闭鼻腔，气流从舌头两边出来。区分 n 与 l 的关键在于软腭的降升。除此之外，还有两点差异：一是，舌尖的形状不同。发鼻音 n 时舌尖收窄，与上齿龈成点状接触；发边音 l 时舌尖展宽，与上齿龈成线状接触。二是，位置高低也不完全一样。n 与 l 虽然同属于舌尖中音，但实际发音是有区别的。发 n 时位置低，发 l 时位置高，在上齿龈与硬腭的交界处，实际上接近舌尖后音。反复朗读“男篮”（nánlán）、“拿来”（nálái）、“牛郎”（niúláng）、“努力”（nǔlì）等词语，体会舌尖的变化，看是不是像上面所说的那样。

（三）辨唇齿与舌根——f – h

湘方言中 f、h 相混。这两个声母发音方法相同，都是清擦音，二者的区别在于发音部位。f 是唇齿音（上齿与下唇配合），h 是舌根音（舌根与软腭配合），这两个声母本身不难区分，主要是留心记字。

（四）辨尖团

齐齿呼韵母与 j、q、x 相拼称为团音，若与 z、c、s 相拼，就成了尖音。普通话里没有尖音，不少人说话、朗读时带尖音，如，谢谢（siè siè）、小姐（siǎo ziě）、机器（zī qì）、将就（ziāng ziù）等等，非常难听，一定要注意纠正。

附录一　n、l 偏旁类推字表

（一）n 声母

那——nǎ 哪；nà 那；nuó 挪，娜。

乃——nǎi 乃，奶。

奈——nài 奈；nà 捺。

南——nán 南，喃，楠，蝻。

脑——nǎo 恼，瑙，脑。

内——nèi 内；nè 讷；nà 呐，衲，钠。

尼——ní 尼，泥，呢。

倪——ní 倪，霓。

念——niǎn 捻；niàn 念。

捏——niē 捏；niè 蹑。

聂——niè 聂，蹑。

宁——níng 宁，拧，咛，狞；nìng 宁（～可），泞。

纽——niū 妞；niǔ 扭，纽，钮。

农——nóng 农，浓，脓。

奴——nú 奴，孥，驽；nǔ 努；nù 怒。

诺——nuò 诺；nì 匿。

懦——nuò 懦，糯。

虐——nüè 虐，疟。

(二) l 声母

剌——lǎ 喇；là 剌，辣，瘌。

腊——là 腊，蜡；liè 猎。

赖——lài 赖，癞，籁；lǎn 懒。

兰——lán 兰，拦，栏，蓝，篮；làn 烂。

览——lǎn 览，揽，缆，榄。

劳——lāo 捞；láo 劳，痨；lào 涝。

乐——lè 乐；lì 砾。

雷——léi 雷，擂，镭；lěi 蕾。

垒——lěi 垒。

累——lèi 累；luó 骡，螺。

离——lí 离，篱，璃。

里——lí 厘，狸；lǐ 里，理，鲤；liàng 量。

利——lí 梨，犁；lì 利，俐，痢。

立——lì 立，粒，笠；lā 拉，垃，啦。

力——lì 力，荔；liè 劣；lèi 肋；lè 勒。

历——lì 历，沥。

厉——lì 厉，励。

连——lián 连，莲；liàn 链。

廉——lián 廉，濂，镰。

脸——liǎn 敛，脸；liàn 殓。

炼——liàn 练，炼。

恋——liàn 恋；luán 孪，鸾，滦。

良——liáng 良，粮；láng 郎，廊，狼，琅，榔，螂；lǎng 朗；làng 浪。

梁——liáng 梁，粱。

凉——liáng 凉；liàng 谅，晾；lüè 掠。

两——liǎng 两，俩（伎俩）；liàng 辆；liǎ 俩。

列——liě 咧；liè 列，裂，烈；lì 例。

林——lín 林，淋，琳，霖；lán 婪。

鳞——lín 嶙，磷，鳞，麟。

菱——líng 凌，陵，菱；léng 棱。

令——líng 伶，玲，铃，羚，聆，蛉，零，龄；lǐng 岭，领；lìng 令；lěng 冷；lín 邻；lián 怜。

留——liū 溜；liú 留，馏，榴，瘤。

流——liú 流，琉，硫。

柳——liǔ 柳；liáo 聊。

龙——lóng 龙，咙，聋，笼；lǒng 陇，垄，拢。

隆——lóng 隆，窿，癃。

娄——lóu 娄，喽，楼；lǒu 搂，篓；lǚ 缕，屡。

卢——lú 卢，泸，庐，芦，炉，颅；lǘ 驴。

鲁——lǔ 鲁，橹。

录——lù 录，禄，碌；lǜ 绿，氯。

鹿——lù 鹿，辘。

路——lù 路，鹭，露。

戮——lù 戮。

仑——lūn 抡；lún 伦，沦，轮；lùn 论。

罗——luó 罗，逻，萝，锣，箩。

洛——luò 洛，落，络，骆，烙；lüè 略。

吕——lǚ 吕，侣，铝。

虑——lǜ 虑，滤。

附录二　zh、ch、sh 和 z、c、s 对照辨音字表

说明：数字表示声调，①是阴平，②是阳平，其余类推。

声母 / 例字 / 韵母	zh	z
a	①扎驻～渣②闸铡扎挣～札信～③眨④乍诈炸榨咋栅	①扎包～匝②杂砸
e	①遮②折哲辙③者④蔗浙这	②泽择责则
u	①朱珠株蛛诸猪②竹烛逐③主煮嘱④住驻注柱蛀贮祝铸筑著箸	①租②族足卒③组阻祖
-i	①之芝支枝肢知蜘汁只织脂②直值植殖侄执职③止址趾旨指纸只④至致窒志治质帜挚掷秩置滞制智稚痔	①兹滋孳姿咨资孜龇甾辎③子仔籽梓滓紫④字自恣渍
ai	①摘斋②宅③窄④寨债	①灾哉栽③宰载④再在载～重
ei		②贼
ao	①昭招朝②着③找爪沼④召照赵兆罩	①遭糟②凿③早枣澡④造皂灶躁燥
ou	①州洲舟周粥②轴③帚肘④宙昼咒骤皱	①邹②走④奏揍

韵母 \ 例字 \ 声母	zh	z
ua	①抓	
uo	①桌捉拙②卓着酌灼浊镯啄琢	①作～坊②昨③左④坐座作柞祚做
ui	①追锥④缀赘坠	③嘴④最罪醉
an	①沾毡粘③盏展斩④占战站栈绽蘸	①簪②咱③攒④赞暂
en	①贞侦帧祯桢真③诊疹枕缜④振震阵镇	③怎
ang	①张章彰樟③长涨掌④丈仗杖帐涨障瘴	①赃脏肮～④葬藏脏
eng	①正～月征争挣睁筝③整拯④正证政症郑	①曾憎增缯④赠
ong	①中钟盅忠衣衷终③肿种～子④中打～仲种～植重众	①宗综棕踪鬃③总④纵粽
uan	①专砖③转④传转～动撰篆赚	①钻③纂④钻～石
un	③准	①尊遵
uang	①庄桩装妆④壮状撞	

韵母 \ 例字 \ 声母	ch	c
ɑ	①叉杈插差～别②茶搽查察③衩④岔诧差	①擦嚓
e	①车③扯④彻撤掣	④册策厕侧测恻
u	①出初②除厨橱锄躇刍雏③楚础杵储处～分④畜触矗处	①粗④卒仓～猝促醋簇
－i	①吃痴嗤②池驰迟持匙③尺齿耻侈豉④斥炽翅赤叱	①疵差参～②雌辞词祠瓷慈磁③此④次伺刺赐
ɑi	①差拆钗②柴豺	①猜②才财材裁③采彩踩④菜蔡
ɑo	①抄钞超②朝潮嘲巢③吵炒	①操糙②曹漕嘈槽③草
ou	①抽②仇畴筹踌绸稠酬愁③瞅丑④臭	④凑
uo	①踔戳④绰～号啜辍	①搓蹉撮④措错挫锉
uɑi	③揣④踹	
ui	①吹炊②垂捶锤槌	①崔催摧③璀～璨④萃悴淬瘁翠粹脆
ɑn	①搀掺②禅蝉馋潺缠蟾③产铲阐④忏颤	①餐参②蚕残惭③惨④灿
en	①琛嗔②辰宸晨沉忱陈臣④趁衬称相～	①参～差②岑
ɑng	①昌猖娼伥②常嫦尝偿场肠长③厂场敞氅④倡唱畅怅	①仓苍沧舱②藏

韵母 \ 例字 \ 声母	ch	c
eng	①称撑②成诚城盛～水呈程承乘澄橙惩③逞骋④秤	②曾层④蹭
ong	①充冲舂②重虫崇③宠	①匆葱囱聪②从丛淙
uan	①川穿②船传椽③喘④串钏	①蹿②攒④窜篡
un	①春椿②唇纯淳醇③蠢	①村②存③忖④寸
uang	①窗疮创～伤②床③闯④创～造	

韵母 \ 例字 \ 声母	sh	s
a	①沙纱砂痧杀杉②啥③傻④煞厦大～	①撒③洒撒～种④萨飒
e	①奢赊②舌蛇③舍④社舍射麝设摄涉赦	④色瑟啬涩塞
u	①书梳疏蔬殊叔淑输抒纾舒枢②孰塾赎③暑署薯曙鼠数属黍④树竖术述束漱恕数	①苏酥②俗④素塑诉肃粟宿速
-i	①尸师狮失施诗湿虱②十什拾石时识实食蚀③史使驶始屎矢④世势誓逝市示事是视室适饰士仕氏恃式试拭轼弑	①司私思斯丝鸶③死④四肆似寺
ai	①筛③色④晒	①腮鳃塞④塞要～赛

韵母 \ 例字 \ 声母	sh	s
ɑo	①捎稍艄烧②勺芍杓韶③少④少哨绍邵	①臊骚搔③扫嫂④扫臊害~
ou	①收②熟③手首守④受授寿售兽瘦	①溲馊嗖搜飕艘③叟擞④嗽
uɑ	①刷③耍	
uo	①说④硕烁蒴	①缩娑蓑梭唆③所锁琐索
uɑi	①衰③甩④帅率蟀	
ui	②谁③水④税睡	①虽尿②绥隋随③髓④岁碎穗遂隧燧
ɑn	①山舢衫删姗珊栅跚③闪陕④扇善缮膳擅赡	①三叁③伞散~文④散
en	①申伸呻身深参人~②神③沈审婶④慎肾甚渗	①森
ɑng	①商墒伤③垧晌赏上~声④上尚	①桑丧~事③嗓④丧
eng	①生牲笙甥升声②绳③省④圣胜盛剩	①僧
ong		①松③悚④送宋颂诵
uɑn	①拴栓④涮	①酸④算蒜
un	③吮④顺舜	①孙③笋损
uɑng	①双霜③爽	

附录三　f、h 偏旁类推字表

(一) f 声母

发—fā 发；fà 发；fèi 废。

乏—fá 乏；fàn 泛。

伐—fá 伐，阀，筏。

番—fān 翻，番。

凡—fān 帆；fán 凡，矾。

反—fǎn 反，返；fàn 饭，贩。

方—fāng 方，芳，枋；fáng 房，防，妨；fǎng 纺，访，仿；fàng 放。

非—fēi 非，菲，啡，扉；fěi 诽，匪；fèi 痱。

分—fēn 分，芬，吩，纷；fěn 粉；fèn 份，忿。

蜂—fēng 峰，烽，锋，蜂；féng 逢，缝。

风—fēng 风，枫，疯；fěng 讽。

夫—fū 夫，肤，麸；fú 芙，扶。

弗—fú 弗，拂；fó 佛；fèi 沸，费。

伏—fú 伏，茯，袱。

孚—fū 孵；fú 孚，俘，浮。

福—fú 幅，福，辐，蝠；fù 副，富。

甫—fū 敷；fǔ 甫，辅；fù 傅，缚。

复—fù 复，腹，馥，覆。

父—fǔ 斧，釜；fù 父。

付—fú 符；fǔ 府，俯，腑，腐；fù 付，附；fu 咐。

(二) h 声母

禾—hé 禾，和。

红—hóng 红，虹，鸿。

洪—hōng 哄～动；hóng 洪；hǒng 哄～骗；hòng 哄起～。

乎—hū 乎，呼。

忽—hū 忽，惚。

胡—hú 胡，湖，葫，糊，蝴。

狐—hú 弧，狐。

虎—hǔ 虎，唬。

户—hù 户，护，沪，戽。

化—huā 花，哗；huá 华，哗，铧；huà 化，华（姓）；huò 货。

怀—huái 怀；huài 坏。

淮—huái 淮；huì 汇。

还—huán 还，环。

涣—huàn 涣，换，唤，焕，痪。

荒—huāng 荒，慌；huǎng 谎。

皇—huáng 皇，凰，惶，徨，蝗。

黄—huáng 黄，璜，磺，簧。

晃—huǎng 晃，恍，磺，幌；huàng 晃摇～。

挥—huī 挥，晖，辉；hún 浑。

灰—huī 灰，诙，恢。

回—huí 回，茴，蛔；huái 徊。

悔—huǐ 悔；huì 诲，晦。

惠—huì 惠，蕙。

会—huì 会，荟，绘，烩。

彗—huì 彗，慧，彗。

昏—hūn 昏，阍，婚。

混—hún 混，馄；hùn 混。

活—huó 活；huà 话。

火—huǒ 火，伙。

或—huò 或，惑。

第二节　读准韵母

韵母是一个音节的主要成分，必须读好。要读好韵母，首先必须掌握韵母的发音特性，然后是注意辨正。

一、韵母的分类和发音

韵母按结构分为三类，即单韵母、复韵母和鼻韵母。

（一）单韵母

由一个元音（单元音）构成的韵母叫单韵母，共有十个，又分成舌面韵母、舌尖韵母和卷舌韵母三个小类。

1. 舌面韵母

发音时舌面起主要作用，共七个，即：ɑ o e ê i u ü。这七个单元音，也是构成复韵母和鼻韵母的基础，必须注意发好。舌面单元音的发音是由三个条件决定的：舌位的前后、舌位的高低、唇形的圆展。根据舌位的情况，我们画一个舌位图。任何一个舌面单元音都可以在图上反映出来，掌握了这个图，对于我们学习其他语言也是大有帮助的。

下面是舌面单元音韵母发音舌位图：

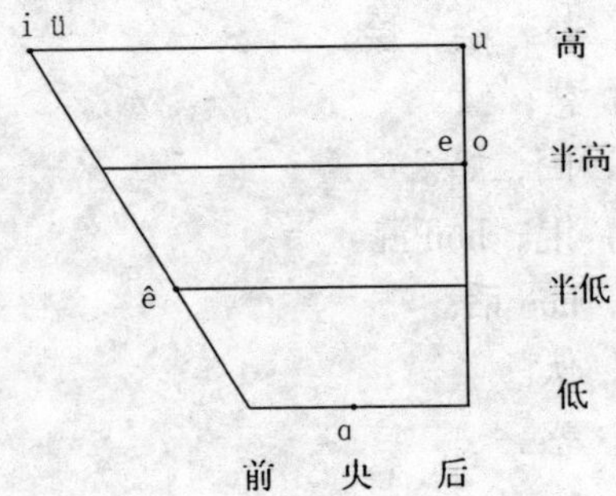

从图上我们可以清楚地看出每个单韵母的发音特性：

ɑ　舌面、央、低、不圆唇单韵母

o　舌面、后、半高、圆唇单韵母

e　舌面、后、半高、不圆唇单韵母

i　舌面、前、高、不圆唇单韵母

u　舌面、后、高、圆唇单韵母

ü　舌面、前、高、圆唇单韵母

ê　舌面、前、半低、不圆唇单韵母

“ê”现在已经不单用了，它主要的用途是与 i、ü 组成复韵母，写成 ie、üe。

2. 舌尖单韵母

由舌尖元音充当，发音时舌尖起主要作用。有 -i（前）、-i（后）两个，分别用于 z、c、s 与 zh、ch、sh、r 之后，构成整体认读音节，即：zi、ci、si 与 zhi、chi、shi、ri。

3. 卷舌韵母

由卷舌元音充当，只有一个，是卷舌、央、中、不圆唇单韵母。

根据上面的解说，可以画出一个单韵母舌位图表：

类别 / 舌位前后 / 唇形 / 单元音 / 舌位高低	舌面元音					舌尖元音		卷舌元音
	前		央	后		前	后	央
	不圆	圆		不圆	圆			
高	i	ü			u	-i	-i	
半高				e	o			
中			(e)					er
半低	ê							
低	(ɑ)		ɑ		(ɑ)			

（二）复韵母

由两个或三个元音构成的韵母叫复韵母，共 13 个。根据主要元音的位置，又可以分成前响、后响、中响三类。

前响复韵母：ai、ei、ao、ou；

后响复韵母：ia、ie、ua、uo、üe；

中响复韵母：uai、uei、iao、iou。

复韵母的发音有三个特点：

一是，口形有变化。舌的位置、口的开合、嘴唇形状都有变化，不像单韵母，自始至终保持同一口形。

二是，渐变，自然滑动，浑然一体。由一个音滑向另一个音，两音之间没有明显界限，滑动过程中包含很多过渡音。

三是，多音分量不等。其中一个音为重心，发音响亮，所占时间长，是主要元音。

要发好复韵母，一定要注意这三个特点。

（三）鼻韵母

由元音加上鼻辅音构成的韵母叫鼻韵母，共 16 个，分前、后两组。

1. 前鼻韵母

由元音加上前鼻辅音 n 构成，共 8 个：

an　en　in　un　ian　uan　üan　uen

2. 后鼻韵母

由元音加上后鼻辅音 ng 构成，也是 8 个：

ang　eng　ing　iang　uang　iong　ueng　ong

发好鼻韵母，主要是注意分清前后。这在以后讲韵母辨正时再详细讲。

二、韵母的结构和四呼

了解韵母的结构和四呼，对发好韵母很有帮助。

（一）韵母的结构

韵母可由韵头、韵腹、韵尾三部分构成。韵腹是韵母的主要部分，它前面的元音是韵头，后面的元音是韵尾。十个单元音都可以作韵腹，i、u、ü 三个高元音可作韵头，i、u 两个元音和 n、ng 两个辅音可作韵尾。韵母 ao、iao 中的“o”实际上是“u”，为了避免书写中与 an、ian 混淆而改写成“o”。

（二）韵母的四呼

根据韵母开头那个元音发音时口形的特点，可以把韵母分成开口呼、齐齿呼、合口呼和撮口呼四类，这就是传统上说的“四呼”。

开口呼——没有韵头，而韵腹又不是 i、u、ü 的韵母。如 a、ou、eng，舌尖韵母归入开口呼；

齐齿呼——韵头或韵腹是 i 的韵母。如 i、ie、iang；

合口呼——韵头或韵腹是 u 的韵母。如 u、uei、uang；

撮口呼——韵头或韵腹是 ü 的韵母。如 ü、üe、üan。

三、韵辙

在朗读韵文特别是诗词的时候，总会碰到押韵的问题。押韵，指的是韵文中某些句子的末尾用上同“韵”的字。押韵的“韵”与“韵母”不完全相同，凡是韵腹相同或者相近的（如果有韵尾，韵尾也要相同），都属于同一个“韵”。就是说韵头可以不管，只要韵腹韵尾相同，都算同一个韵。戏曲界习惯上把戏曲唱词中的“韵”叫做“辙”。合辙，也就是押韵。合辙押韵可以使诗句、唱词、民歌、戏曲等音调和谐悦耳，富于音乐美，诵读、演唱起来顺口、动听，易于记忆。试看叶剑英同志的诗篇《攻关》：

攻城不怕坚（jiān），攻书莫畏难（nán）。
科学有险阻，苦战能过关（guān）。

诗中第一、二、四句最后一个字的韵腹和韵尾都相同，所以，这首诗是押韵的。属于“言前”辙，“寒”韵。再看一首民歌：

樱桃好吃树难栽（zāi），
山歌好唱口难开（kāi）；
要吃樱桃先栽树，
要唱山歌拉下脸来（lái）。

这首民歌的第一、二、四句最后一个字的韵腹和韵尾都相同，所以是押韵的。属于“怀来”辙，“开”韵。

明清以来北方说唱文学中押韵时广泛运用的是“十三辙”，十三辙就是十三韵。后来人们作新诗所依据的韵书《中华新韵》（黎锦熙等编）有十八韵。下面是十三辙、十八韵同普通话韵母对照表（韵辙表）。

韵 辙 表[1]

十三辙	十八韵	普通话韵母	例字
（一）发花	（1）麻	ɑ、iɑ、uɑ	发、达、霞、家、画、瓜
（二）坡梭	（2）波	o、uo	坡、摸、多、国
	（3）歌	e	俄、车
（三）乜斜	（4）皆	ê、ie、üe	斜、野、月、缺
（四）姑苏	（10）模	u	图、书
（五）一七	（5）支	－i(前)、－i(后)	私、自、志、士
	（6）儿	er	而、耳
	（11）鱼	ü	雨、区
	（7）齐	i	西、医
（六）怀来	（9）开	ɑi、uɑi	派、来、外、快

十三辙	十八韵	普通话韵母	例字
（七）灰堆	（8）微	ei、uei（ui）	飞、雷、推、回
（八）遥条	（13）豪	ao、iao	高考、笑料
（九）油求	（12）侯	ou、iou（iu）	口头、流油
（十）言前	（14）寒	an、ian、uan、üan	斑斓、先前、转弯、圆圈
（十一）人辰	（15）痕	en、in、uen（un）、ün	根深、金银、温顺、均匀
（十二）江阳	（16）唐	ang、iang、uang	方刚、响亮、狂妄
（十三）中东	（17）庚	eng、ing、ueng（weng）	风筝、英明、翁、瓮
	（18）东	ong、iong	空中、汹涌

① 表中韵辙的名称，是前人从该韵辙所属的字中挑选出来的代表字。这些字只用作韵辙名称并不包含其他意义。

四、韵母辨正

（一）分清前后鼻韵母

前后鼻音不分是南方人学习普通话的一大难点。多数是 in 和 ing、en 和 eng 不分。例如，长沙话缺少后鼻音，往往把 ing 读成 in，把 eng 读成 en。而有的地方，如湖南省邵阳、零陵等地，往往把前鼻音读成后鼻音。

怎样才能分辨清楚呢？首先是把韵母本身读准，然后是记字。前后鼻音的区别全在于归尾。前鼻韵母归 n 尾，归音时舌尖抵住上齿龈，后鼻韵母归 ng 尾，归音时舌根抵住软腭（除阻时都不发音）。试比较 in 和 ing：发 in 时，舌尖由下齿背逐渐上抬，最后落在上齿龈上，软腭下降，打开鼻腔；发 ing 时，舌头逐渐后缩，软腭下降，舌根抵住软腭收音。如图示。

后鼻韵母口腔开度略大于前鼻韵母，因此共鸣的感觉比前鼻韵母要明显。

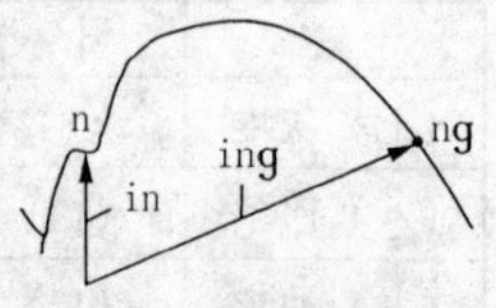

记字，前面说过，可以利用偏旁类推，也可以利用声韵配合规律来帮助记忆。例如，知道“鳞”为前鼻音，那么，以“粦”为声旁的磷、嶙、遴、粼、麟、辚、潾、璘等字，也都是前鼻音。知道“挣”为后鼻音，那么，以“争”为声旁的睁、狰、峥、筝、铮、诤等字，也都读后鼻音。在声韵配合上，例如，声母 d、t、n、l 除了“扽”（dèn）、“嫩”（nèn）之外，不与韵母 en 相拼，方言中读 den、ten、nen、len 的，应改为 eng 韵。声母 z、c、s 和韵母 en 组成的音节只有“怎、岑、森”等少数几个字，多数是 eng 韵。

（二）分清单复——u 和 ou

u 是单韵母，ou 是复韵母。有人把一些应读 u 音的字读成了 ou 音，要注意改正。如足（zú）球，不能读成 zóu ~，数“shù”学，不能读成 shóu ~ 。

（三）不要丢失韵头

普通话中以 u 开头的韵母与声母相拼的字，湖南人特别是长沙人读的时候，往往丢掉韵头 u，要注意纠正。像“对、活、村、段”等字，韵母都是 u 头，不可丢失。

另外，不少人把 u 读成 v，如，把 wén 读成 vén，把 wáng 读成 váng，这也是不妥的，应该改过来。

（四）分清齐撮

i 开头的韵母是齐齿呼，ü 开头的韵母是撮口呼，一定要分辨清楚。不少人撮口呼的字发不好，不到位，有点像齐齿呼。要分辨清楚，特别是要多练习撮口呼。像“徐、云、学、鹃”等字都是撮口呼，要发好。

（五）发好圆唇音 o

o 是圆唇音，有的人在发 bō（播）、pó（婆）、mó（膜）、fó（佛）这样的音节时，圆唇度不够，听起来有点儿像 bē、pé、mé、fé，应当注意把唇形拢圆。

附录

说明：表中的①②③④分别指阴平、阳平、上声、去声四种声调。

1. en 和 eng 对照辨音字表

声母 \ 例字 \ 韵母	en	eng
	①恩④摁	①鞥
b	①奔③本④笨	①崩②甭③绷④迸蹦泵
p	①喷②盆④喷	①烹②朋棚硼鹏彭澎膨③捧④碰
m	①闷②门们④闷	①蒙②萌盟蒙檬朦③猛锰蜢④梦孟
f	①分芬纷吩②坟焚汾③粉④奋份粪忿分	①风枫疯峰蜂锋丰封②逢缝冯③讽④奉凤缝
d	④扽	①登灯③等④邓凳瞪
t		②疼腾誊滕藤
n	④嫩	②能
l		②棱③冷④愣
g	①根跟②哏④艮	①耕庚羹更③耿梗④更
k	③肯啃垦恳④裉	①坑

韵母 例字 声母	en	eng
h	②痕③很狠④恨	①亨哼②横衡恒④横
zh	①真贞针侦珍胗斟③诊疹枕④振震镇阵	①争挣筝睁正征蒸③整拯④正政证症郑
ch	①嗔抻②辰晨沉忱陈臣尘③碜④衬趁称	①称撑②成城诚盛承呈程惩澄橙乘③逞骋④秤
sh	①申伸呻绅身深②神③沈审婶④甚慎肾渗	①生牲笙甥升声②绳③省④胜圣盛剩
r	②人仁壬③忍④任认刃纫韧	①扔②仍
z	③怎	①曾增憎④赠
c	①参②岑	②曾层④蹭
s	①森	①僧

2. uen（un）和 ong 对照辨音字表

韵母 例字 声母	uen（un）	ong
d	①敦墩蹲吨③盹趸④炖钝顿囤盾遁	①冬东③董懂④洞恫侗冻栋动
t	①吞②屯臀④褪	①通②同桐铜童潼瞳③筒桶捅④痛
l	①抡②仑沦纶轮伦④论	②隆窿龙咙聋笼③拢垄陇④弄
g	③滚辊④棍	①工功攻公蚣弓躬供恭宫③拱巩④共贡供

声母＼例字＼韵母	uen（un）	ong
k	①昆坤③捆④困	①空③孔恐④空控
h	①昏婚荤②魂浑④混	①烘哄轰②红虹宏洪鸿弘③哄④讧哄
zh	①谆③准	①中忠盅钟衷终③肿种④中仲种重众
ch	①春椿②唇纯淳醇③蠢	①冲忡充舂②虫重崇③宠④冲铳
sh	③吮④顺舜瞬	
r	④闰润	②容溶蓉榕熔绒荣融茸
z	①尊遵③撙	①宗综棕踪腙③总④纵粽
c	①村皴②存③忖④寸	①囱匆葱聪②从丛淙
s	①孙③损笋榫	①松嵩③怂耸竦④宋送颂讼诵

3. ün 和 iong 对照辨音字表

声母＼例字＼韵母	ün（un）	iong
o	①晕②云匀③允陨④运酝晕孕韵熨蕴	①佣拥庸③永泳咏勇涌蛹踊④用
j	①均君军菌④菌俊骏浚峻竣	③窘迥
q	②群裙	②穷琼
x	①熏勋②旬询循巡寻驯④训讯迅汛殉逊	①兄凶匈胸②熊雄

第三节 读准声调

一个音节的准确发音，光读准声母和韵母是不够的，还有一个声调问题。声调不同，字音就不同，意义也就不一样。例如“ba”读第一声是“八”，读第二声“拔”，读第三声是“靶”，读第四声是“爸”。声调不同，字（词）不同，意义也不同。所以，要读准字音，还必须要注意声调。

一、普通话的声调

普通话的全部字音分属于四个声调（不包括轻声、变调），即：阴平、阳平、上声、去声。它们的高低升降变化情况如下：

阴平——调值（声调的实际读法，即高低升降的形式）是55，高而平，即由5度到5度，相对音高最高，基本上没有升降的变化，称为高平调。如“高、飞、天、空”的声调。

阳平——调值是35，由3度升到5度，是个上升的调子，叫高升调。如“回、来、田、忙”的声调。

上声——调值是214，由2度降到1度再升到4度，是个先降后升的调子，称为降升调。如“好、友、勇、敢”的声调。

去声——调值是51，由5度降到1度，即由最高降到最低，叫全降调。如“世、界、运、动”的声调。

普通话四声的描述和表示见下列的图和表。

普通话声调标记示例表

调类	阴平	阳平	上声	去声
调型	高平调	高升调	降升调	全降调
调值	55	35	214	51
例字	心	红	胆	壮
标调示例	xīn	hóng	dǎn	zhuàng

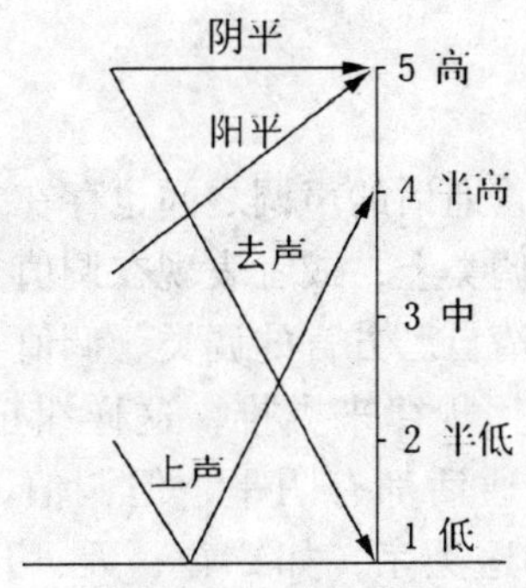

普通话声调五度标记图

二、关于平仄

朗读诗词，特别是格律诗，总会碰到“平仄”问题。“平”是阴平与阳平的合称，“仄”是上声、去声、入声（已消失）的合称。平声舒展响亮，仄声压抑凝重。平声与仄声交替运用，高低起伏，变化有致，造成抑扬顿挫的效果。诗词，尤其是格律诗，是很讲究平仄的。平仄声有规律地交错出现，使诗词富有节奏感和音乐美，和谐上口、悦耳动听。

请看毛泽东的诗《七律·长征》：

红军不怕远征难，	平平仄仄仄平平
万水千山只等闲。	仄仄平平仄仄平
五岭逶迤腾细浪，	仄仄平平平仄仄
乌蒙磅礴走泥丸。	平平仄仄仄平平
金沙水拍云崖暖，	平平仄平平平仄
大渡桥横铁索寒。	仄仄平平仄仄平
更喜岷山千里雪，	仄仄平平平仄仄
三军过后尽开颜。	平平仄仄仄平平

三、声调辨正

方言的声调和普通话的声调之间也存在差异，需要辨正。声调差异或者表现在调类上，或者表现在调值上，或者调类、调值都不同。我们要弄清自己方言的调类、调值与普通话的调类、调值的对应关系，利用规律来类推，这样纠正起来就快一些。例如，长沙方言和普通话都有阴平，但调值不同，普通话是55，长沙话是33。遇到这类字，如“春、天、开、花”等，就要把声调提高一点。当然，最重要的是首先要读准普通话的调值。从普通话测试中发现，不少人上声字发得不好，主要是声调偏低，后面没有升上去，一定要注意练习、纠正。

第四节　读出音变

读准普通话的声母、韵母和声调，是学好普通话语音的最基本的要求。但是，光做到这一步，还不能自然地说话和朗读。因为说话和朗读的时候，不是孤立地把一个个音节发出来，而是把音节组成词语和句子连续地说出来。在连续的语流中，由于音节之间的相互影响，有的音节会产生语音变化，这种语音变化就叫做音变。要朗读得好，要把话说得自然流畅，就必须掌握音变。

一、变调

由于邻近音节声调的影响，有的音节的声调会发生变化，这种现象叫做变调。变调多数是由后一个音节声调的影响引起的，常见的有以下几种。

（一）上声的变调

1. 上声在上声前面，前一个上声变成近乎阳平。如：

领导　　俭朴　　理想　　美好　　场景
展览馆　　虎骨酒　　厂党委　　很勇敢

2. 上声在非上声前面变成半上，即由214变成21。如：

阴：首都　　北京　　展开　　老师
阳：祖国　　语言　　改革　　古文
去：解放　　法定　　准确　　朗诵

以上变化是很自然地发生的，不需要刻意地去记、去练。

3. 上声字处在词组或句子末尾怎么读，值得注意。有两种读法：落重音（被强调）时，读原调；不落重音时，变成低平调。如“我想喝口水”，句尾的“水”是重音，读原调。“我想喝口茶水”，句尾的“水”是非重音，变成低平调。“像小草那样平凡”，词组“像小草”末尾的“草”是重音，读原调。“这片草真绿”，“草”不是重音，变成低平调。

（二）“一、不”的变调

1. “一、不”单念或用在词句末尾，以及“一”在序数中，声调不变，读原调。“一”读阴平，“不”读去声。例如：

一、二、三　　十一　　第一　　统一　　惟一
不　　偏不　　你信不

2. 在去声前一律变阳平。例如：

一定　　一切　　一件　　一度　　一致
不断　　不看　　不对　　不去　　不会

3. 在非去声前，“一”变去声，“不”不变，仍读去声。例如：

阴：一天　　一生　　一周　　一斤
　　不酸　　不真　　不花　　不吃
阳：一年　　一人　　一直　　一回
　　不同　　不圆　　不白　　不难
上：一两　　一首　　一体　　一组

不好　　不买　　不走　　不止

4．在中间念轻声。例如：

想一想　　等一等　　试一下　　看一眼

来不来　　行不行　　吃不消　　走不开

需要指出的是，“一”的变读不能光看字面形式，要注意它和后面的音节结合得是否紧密，如结合不紧，则不变调。如“一分为二”、“一无是处”、“一不怕苦，二不怕死”中的“一”，都不变调，仍读阴平。

二、轻声

（一）轻声的意义

普通话的每一个音节都有一定的声调，但某些音节在一定的组合中失去了原有的声调，变成了又轻又短的调子，这就是轻声。例如“毛”原是阳平 máo，但是在“眉毛”méimao 一词中它就失去了阳平调值，成了轻声。轻声的特点是，音量小，音长短，音高也比较低。

（二）轻声的重要作用

一是区别词义（词性）。有些词轻声与不轻声是不一样的，例如，“大意”，不轻声是名词，指主要的意思，如：“请说说段落大意。”读轻声就变成了形容词，是疏忽的意思，如：“可千万别大意。”“对头”不轻声是形容词，是正确、合适的意思，如：“不对头啊，走错了吧？”读轻声就变成了名词，是仇敌、对手的意思，如：“他们俩是死对头。”二是增强语言的节奏感。轻声与非轻声交替出现，使语音富于变化，说来上口，听着顺耳。请读读下面的话，比较轻声与不轻声，看看是什么效果：

“大家坐下来，咱们商量商量。”

（三）轻声的规律

在普通话中，下面一些成分通常读轻声。

1. 助词“的、地、得、着、了、过”。如：

伟大的　　愉快地　　写得（好）

说着　　去了　　来过

2. 语气词“吧、吗、呢、啊”等。如：

快走吧　　行了吗　　什么呢　　真好啊

3. 表复数的“们”。如：

我们　　它们　　同志们　　姐妹们

4. 词的后缀“子、头”等。如：

领子　　窗子　　空子　　儿子　　燕子

石头　　木头　　馒头　　锄头　　码头

5. 方位词。如：

房上　　路上　　地下　　脚底下

屋里　　那里　　外面　　左边

6. 用在动词、形容词后面表示趋向的词“来、去、起来、下去”等。如：

出来　　进去　　看起来　　说下去

热起来　　冷起来　　火下去　　红下去

7. 量词“个”。如：

一个　　许多个　　这个　　那些个

8. 叠音词和动词重叠形式后头的字。如：

爷爷　　妈妈　　弟弟　　娃娃　　星星

说说　　坐坐　　看看　　试试　　尝尝

了解了解　　商量商量　　打听打听

9. 作宾语的人称代词。如：

请我　　给他　　叫你　　打他（它）

10. 连绵词。如：

巴结　　喇叭　　玫瑰　　玻璃　　张罗

11. 某些联合结构的合成词。如：

动静　衣裳　关系　买卖　学问

12. 词尾"气、处、当、钱、手、实、快、匠、分、家、和、性"等。如：

福气　义气　长处　用处　稳当　行当
价钱　工钱　帮手　扳手　老实　结实
凉快　勤快　木匠　瓦匠　缘分　成分
公家　亲家　暖和　搀和　记性　悟性

以上这些可以说是死规律，记一记，还比较容易掌握。另外一些习惯性的轻声，就很难说有什么具体规律了，只能从语言的社会性，从"约定俗成"来解释。一般来说，基本词、常用词轻声多些。同人们工作、学习、生产、生活关系密切的词,人们经常挂在嘴边上,为了说起来省力、顺口,很多词就变成了轻声。如：

眉毛　耳朵　头发　先生　女婿
扁担　虾米　月亮　风筝　合同
伺候　打听　舒服　比方　态度

三、儿化

在一个音节的末尾附加上卷舌动作，使韵母带上卷舌音"儿"的色彩，这就是儿化。儿化是普通话中一种常见的现象，普通话中各个音节几乎都可以儿化。那么，在什么情况下必须儿化呢？

儿化不仅仅是一种语音现象，而且同词汇、语法、情感表达有密切关系。

（一）区别词性、词义

有些词儿化与不儿化词性不同（当然词义也不同），一般是动词或形容词儿化后就成了名词。如：

画（动词）　画儿（名词）
盖（动词）　盖儿（名词）

尖（形容词）　　　尖儿（名词）

黄（形容词）　　　黄儿（名词）

有些词儿化与不儿化词性不变，但词义不同。如：

头（脑袋）　　　头儿（领头的）

眼（眼睛）　　　眼儿（小窟窿）

（二）表示细小、少量、轻微

如：

小刀儿　　药丸儿　　纸条儿

一袋儿　　一包儿　　一点儿

（三）表示喜爱、亲切的情感

如：

小孩儿　　老头儿　　小李儿

脸蛋儿　　嘴唇儿　　说话儿

儿化的具体发音是很复杂的，这里就不细说了。

有两点需要说明：

第一，“儿”有时不写出来，该儿化的依然要儿化。如：

有一天，老鼠突然说：“我大姐要生孩子，捎信让我去。”（普通话测试作品 28 号）

这里的“信”后面没有写“儿”，但根据意思必须儿化。又如：

喂猪的老头儿在墙根靠着，笑盈盈地看着他的两头小白猪变成小金猪了。（普通话测试作品 9 号）

这里的“老头儿”写出了“儿”，这是“头”的儿化，读成一体。“墙根”后面没写出“儿”，但根据作品的风格和情感表达的需要，“根”还是要儿化。

第二，写出来的“儿”不一定都是前一个音节的儿化。例如“青海花儿”、“花儿与少年”中的“儿”就不是前一个音节的儿化，要单独发音，自成音节。另外，在朗读诗歌、唱词的时候，还要根据节奏的需要来处理“儿”的读音。例如《花儿朵朵》，

《马儿啊，你慢些走》，“打起黄莺儿，莫叫枝上啼”，这当中的“儿”，都要单独发音。“羊儿乖乖，把门儿开开。”“手拿碟儿敲起来，小曲儿好唱口难开。”这两例中，“羊儿”要读成两个音节，“门儿”则要读成一个音节。同样，“碟儿”也要分开读，而“曲儿”则要合起来读成一个音节，这样读才能使音节整齐，节奏感强。

在朗读过程中如何掌握儿化呢？有的儿化是必需的，那一定要儿化，有的儿化是两可的，那也可以不儿化。儿化同语体风格有关，一般庄重严肃的语体像政论、新闻、科技方面的文稿，儿化少，轻松活泼的语体像文艺作品中的小说、故事，特别是曲艺，儿化多些，朗读的时候要灵活掌握。

四、语气词“啊”的变读

“啊”单念念“ā”，用在句子末尾时，由于受到前面音节末尾音素的影响，读音会发生种种变化，总的说是顺着末尾音素拼下来。如末尾音素是 n，就顺口读成 nɑ，末尾是 i，就读成 iɑ。具体变化规律如下：

（一）前面音节末尾的音素是 u 时，读成 wɑ。例如：

1. 可不能马虎啊！
2. 怎么还不走啊？
3. 写得真好啊！
4. 你可别笑啊！

（二）前面的音素是 n 时，读成 nɑ。例如：

1. 多好看啊！
2. 好认真啊！
3. 真专心啊！
4. 好均匀啊！
5. 多好的论文啊！

（三）前面的音素是 ng 时，读成 ngɑ。例如：

1. 这文章好长啊！

2. 这天真冷啊！

3. 我真高兴啊！

4. 你怎么不动啊？

5. 他是个真正的英雄啊！

（四）前面的音素是 -i（前）时，读成 zɑ。例如：

1. 要好好练字啊！

2. 真是好词啊！

3. 人可不能自私啊！

（五）前面的音素是 -i（后）时，读成 rɑ。例如：

1. 用什么纸啊？

2. 快点吃啊！

3. 今晚有好电视啊！

4. 这要等到何日啊？

前面是 er 时，也读成 rɑ。例如：

1. 真是说一不二啊！

2. 隔墙有耳啊！

3. 哪那么多“然而”啊？

（六）前面的音素是 ɑ、o、e、ê、i、ü 时，读成 yɑ。例如：

1. 原来是他啊！

2. 爱听广播啊！

3. 他是你哥啊？

4. 要注意节约啊！

5. 跑得真快啊！

6. 好大一条鱼啊！

语气词“啊”一定要按以上的规律来变化，这样才能读着顺口，听着悦耳。有的人不这样读，听起来非常别扭。另外，书面上有时不是写的“啊”，而是写的别的什么，如“呀”、“哇”、“哪”之类，这要看是不是符合变读的要求，如果不合，那就不管它写的是什么，都要按变读规律来读。

第五节　注意词的轻重格式

在双音节和多音节词里，各音节的轻重分量、强弱等级是不相同的，就是说音量强度上有差别。这种音量强度可以分成三个等级：重度、中度和轻度。例如，“粉笔”是中重格式，“功能”是重中格式，“黄瓜”是重轻格式，“大头鱼”是中中重格式，“架子鼓”是中轻重格式。朗读的时候，读好词的轻重格式也是很重要的，否则听起来不舒服。轻声词（重轻格式）上一节已经讲过了，这里我们说说中重和重中格式。

词的轻重格式与词的结构有关，双音节偏正结构多为中重，联合结构多为重中。双音节词的格式有以下几种：

（一）中重格式

偏正、动宾、主谓结构和部分补充结构的词多为中重格式。

黑板　火车　人流　气功　小说
墙报　冰箱　空调　大树　黄河
（以上偏正）

司机　投资　承包　动员　注意
站岗　美容　达标　挂钩　读书
（以上动宾）

年轻　自动　体验　民主　日食
霜降　地震　气喘　心酸　胆怯
（以上主谓）

提高　说服　立正　阐明　推广
延长　改进　扩大　合成　降低

（以上补充）

（二）重中格式

多见于联合结构，部分补充结构也属此类。

途径 体制 价值 改造 治理

收获 美好 善良 温暖 寒冷

学习 研究 模仿 机械 器具

国家 质量 人物 领袖 能力

（以上联合）

车辆 船只 马匹 枪支 人口

花朵 纸张 稿件 银两 事件

（以上补充）

（三）重轻格式（见轻声）

（四） 三、四音节词语的轻重格式，是以双音节词为基础形成的，这里就不再举例了。

第六节 读准字音

这里说的读准字音是指不要读错别字，这是人人都要注意的。朗读中，尤其是表演性的朗诵中，读错别字，是十分令人遗憾的。例如，有人把“浣（huàn）纱”读成“wán～”，把“旖旎（qǐ）户”读成“～yǐ～”，把“冠（guān）心病”读成“guàn～～”，把“令人发（fà）指”读成“～～fā～”等等，都是不对的。汉字的读音是十分复杂的，要注意分析读错的原因，对症下药，用些工夫学习、记忆，力争不读或尽可能少读错别字。

一、注意字形

有些汉字，“模样”很像，要注意它们的细微差别，不要认错“人”。

浜（bāng） 小河。多用于地名，如沙家浜。不要读成“海滨”的“滨”（bīn）。

卞（biàn） 姓氏。不要读成“卡车”的“卡”（kǎ）或“卡子”的“卡”（qiǎ ）。

舂（chōng） 舂米，舂药。不要读成“春天”的“春”（chūn）。

绌（chù） 相形见绌。不要读出“弄巧成拙”的“拙”（zhuō）。

翟（dí） 人名（墨翟），（zhái）姓氏。要注意它和“瞿（qú）与“霍”（huò）的区别。

汩（gǔ ） “汩汩”形容水流的声音或样子。不要读成“汨罗”的“汨”（mì ）。

桓（huán） 姓氏，人名。“齐桓公”不要读成“～恒（héng）～”。

肓（huāng） “病入膏肓”，是指病重到无法医治。不要读成“盲目”的“盲”（máng）。

己（jǐ） “自己”的“己”。它和“已经的“已” （yǐ）、“巳时”的“巳”（sì）样子很像，不要认错。

慨（kǎi） “感慨”，“慷慨”。不要读成“大概”的“概”（gài）。

耒（lěi） 耒阳（地名）。不要读成“来”（lái）。

萁（qí） 豆秸。“煮豆燃豆萁”。不要读成“箕”（jī）。

券（quàn） 入场券，债券。不要读成“卷”（juǎn、juàn）。

祟（suì） 鬼鬼祟祟。不要读成“崇高”的“崇”（chóng）。

荼（tú） 如火如荼。不要读成“茶叶”的“茶”（chá）。

戊（wù） 天干的第五位。要注意它和“戌”（xū，地支的第十一位）、“戍”（shù，戍边、卫戍区）、“戎”（róng 戎装、投笔从戎）的区别。

冼（xiǎn） 姓氏，如冼星海。不要读成“洗脸”的“洗”（xǐ）。

肄（yì） 肄业。不要读成“肆”（sì）。

竽（yú） 古乐器名。滥竽充数。不要读成“芋头”的“芋”（yù）。

胄（zhòu） 头盔（甲胄），著名画家黄胄。不要读成“肠胃”的“胃”（wèi）。

杼（zhù） 织布的梭子。不要读成“抒情”的“抒”（shū）。

二、不要盲目地读“半边”

汉字中有很多的形声字，一边表形（形旁），另一边表声（声旁），许多字的读音与声旁相同，如“城”、“铜”、“清”等。也有不少形声字的声旁不能正确表音，如果盲目地读“半边”，就会出错。

隘（ài） 狭隘，关隘。不要读“益”（yì）。

傍（bàng） 靠近，临近。如“傍岸”、“傍晚”。不要读成“旁”（páng）。

糙（cāo） 粗糙，糙米。不要读成“造”（zào）。

撑（chēng） 撑开，支撑。不要读成“掌”（zhǎng）。

怆（chuàng） 悲怆。不要读成“仓”（cāng）。

傣（dǎi） 傣族。不要读成“泰”（tài）。

沸（fèi） 沸腾。不要读成“弗”（fú）。

涸（hé） 干涸。不要读成“固”（gù）。

浣（huàn）　浣纱。不要读成“完”（wán）。

畸（jī）　畸形。不要读成“奇”（qí）。

歼（jiān）　歼灭。不要读成“千”（qiān）。

旌（jīng）　旌旗。不要读成“生”（shēng）。

湃（pài）　澎湃。不要读成“拜”（bài）。

沁（qìn）　沁园春（词牌）。不要读成“心”（xīn）。

枢（shū）　中枢，枢纽。不要读成“区”（qū）。

涮（shuàn）　涮羊肉。不要读成“刷”（shuā）。

塑（sù）　塑料。不要读成（shuò）。

绦（tāo）　绦虫。不要读成“条”（tiáo）。

汀（tīng）　水边平地。不要读成“丁”（dīng）。

涎（xián）　垂涎三尺。不要读成“延”（yán）。

弦（xián）　弓弦，琴弦，勾股弦。不要读成“玄”（xuán）。

三、不要任意地“类推”

有的字“声旁”与另外的常用字相同，但读音却不一样，如果任意地按另外的字来类推，就往往读错。例如“沮丧”的“沮”（jǔ）声旁与“组”、“祖”相同，不少人就按“组”、“祖”等字类推，读成 zǔ，那就错了。

庇（bì）　包庇，庇护。不要读成“屁”（pì）。

哺（bǔ）　哺乳，哺育。不要读成“浦”（pǔ）或“辅”（fǔ）。

辍（chuò）　辍学。不要读成“缀”（zhuì）。

犷（guǎng）　粗犷。不要读成“矿”（kuàng）。

貉（hé）　一丘之貉。不要读成“洛”（luò）。

汲（jí）　汲水。不要读成“吸”（xī）。

浸（jìn）　浸泡，浸种。不要读成“侵”（qīn）。

恪（kè）　恪守。不要读成“格”（gé）。

虻（méng） 牛虻。不要读成“忙”（máng）。
讷（nè） 木讷。不要读成“纳”（nà）。
惬（qiè） 惬意。不要读成“侠”（xiá）。
愠（yùn） 怨恨，如“愠色”。不要读成“温”（wēn）。
谪（zhé） 贬谪。不要读成“摘”（zhāi）。
惴（zhuì） 惴惴不安。不要读成“喘”（chuǎn）或“揣”（chuāi）。

四、注意分辨多义多音字

汉语中存在着大量多义多音字。一个字可能有好几个读音，表示不同的意义或用法。例如“打”在“打鼓”、“打仗”中读“dǎ”，而在“苏打”、“一打”中要读“dá”。“剥”在复合词（文）中读“bō”，如“剥削”、“剥夺”。而在单音词（白）里则要读“bāo”，如“剥皮”、“剥花生”。这种多义多音字很容易读错，必须注意分辨它们的意义和用法。下面分三种情况举例。

（一）意义不同

艾①ài ～草 方兴未～
②yì 怨～ 自怨自～
膀①bǎng 翅～ 肩～
②pāng ～肿
③páng ～胱
差①chā ～错 ～异
②chà ～不多 太～
③chāi 出～ ～事
④cī 参（cēn）～不齐
场①chǎng 市～ 操～ 会～ 一～戏
②cháng ～院 打～ 一～雨

大①dà　~小　~夫（官名）　~王（钢铁~王）
②dài　~黄　~夫（医生）　~王（国王；强盗首领）
当①dāng　~地　~兵　~年（指过去）
②dàng　适~　上~　~年（同一年）
发①fā　~展　出~　一~子弹
②fà　理~　白~　令人~指
和①hé　~平　温~　~尚　我~你
②hè　附~　~诗　一唱一~
③huó　~面　~泥
④huò　~药　~弄（nong）
⑤huo　暖~　搅~
⑥hú　~牌
几①jī　~乎　茶~　窗明~净
②jǐ　~年　~多　所剩无~
解①jiě　~放　~说　~甲归田
②jiè　~差　押~
③xiè　~数　姓~
累①lèi　劳~　受~
②léi　~赘　果实~~
③lěi　连~　~计　罪行~~
奇①qí　~怪　传~　~兵
②jī　~数　~蹄目
散①sǎn　~漫　~文　~曲　~打　~装　~落　丸~
②sàn　~会　~步　失~
宿①sù　~舍　住~　~愿
②xiǔ　一~　整~没睡　三天两~
③xiù　星~　二十八~

校①xiào　学～　～官
②jiào　～对　～正
应①yīng　～该　～时　～届
②yìng　～用　～变　～征
中①zhōng　当～　～等　～看　～用
②zhòng　～奖　～毒　～伤　～意　选～　看～　打～要害
臭①chòu　狐～　～气　遗～万年
②xiù　乳～　铜～　无色无～
恶①è　丑～　～毒　～作剧
②wù　厌～　可～　深～痛绝
③ě　～心（心里难受）
强①qiáng　～盛　～攻　～记
②qiǎng　～迫　～辩　～笑　～词夺理　～人所难
曲①qū　弯～　～折　酒　姓～
②qǔ　歌～　～调　异～同工
为①wéi　作～　人～　古～今用　～大家所拥护
②wèi　因～　～此　～人民服务　～人作嫁　～虎作伥
咽①yān　～喉　～炎
②yàn　～下　吞～
③yè　哽～　呜～

（二）用法不同

薄①bó　～弱　单～地　厚古～今
②báo　～板　～饼　待他不～
核①hé　～心　～桃　～算　原子～
②hú　枣～儿　煤～儿
嚼①jué　咀～
②jiáo　～东西　～舌　细～慢咽

露①lù　～天　～骨　暴～
　②lòu　～脸　～头　～富
色①sè　～彩　景～　～厉内荏
　②shǎi　掉～　套～
熟①shú　成～　～练　～能生巧
　②shóu　饭～了　果子～透了
血①xuè　心～　～压　热～　～汗
　②xiě　流～了　鸡～　～块子

（三）专名特殊读音

有些字用于专名（国名、族名、地名和人名姓氏等）时有特殊读法（尤其是在古书里），需要注意。

龟兹　Qiūcí　不读 Guīzī。
大宛　Dàyuān　“宛”不读 wǎn。
康居　Kāngqú　“居”不读 jū。
月氏　Yuèzhī　“氏”不读 shì。
身毒　Yuāndú　“身”不读 shēn。
（以上国名）
吐谷浑　Tǔyùhún　“谷”不读 gǔ。
荤粥　Xūnyù　不读 Hūnzhōu。
先零　Xiānlián　“零”不读 líng。
回纥　Huíhé　“纥”不读 gē。
吐蕃　Tǔfān　“蕃”不读 fán。
（以上族名）
镐京　Hàojīng　“镐”不读 gǎo。
番禺　Pānyú　“番”不读 fān。
阳夏　Yángjiǎ　“夏”不读 xià。
龙兑　Lóngduó　“兑”不读 duì。

六安	Lù'ān	"六"不读 liù。
沌口	Zhuànkǒu	"沌"不读 dùn。
铅山	Yánshān	"铅"不读 qiān。
栎阳	Yuèyáng	"栎"不读 lì。
阿房宫	Ēpánggōng	"房"不读 fáng。
		（以上地名）
伍员	Wǔyún	"员"不读 yuán。
冒顿	Mòdú	不读 Màodùn。
秦桧	Qínhuì	"桧"不读 guì。
单于	Chányú	"单"不读 dān 或 shàn（姓）。
可汗	Kèhán	不读 Kěhàn。
墨翟	Mòdí	"翟"不读 zhái（姓）。
郦食其	Lìyìjī	"食其"不读 shíqí。
		（以上人名）
种	Chóng	不读 zhǒng 或 zhòng。
查	Zhā	不读 chá。
任	Rén	不读 rèn。
员	Yùn	不读 yuán。
盖	Gě	不读 gài。
仇	Qiú	不读 chóu。
区	Ōu	不读 qū。
万俟	Mòqí	不读 wànsì。
尉迟	Yùchí	"尉"，不读 wèi。
澹台	Tántái	"澹"不读 dàn。
令狐	Línghú	"令"不读 lìng。
		（以上姓氏）

五、注意通假字

读古书的时候会经常碰到通假字的问题。所谓通假，就是在书写某个词的时候，没有写本字，而是写了另外的字（一般是音同或者音近的字）。当然，随着语音的变化，今天，许多已经不同了，在今人看来就是写了错别字。例如，《师说》（韩愈）“师者，所以传道受业解惑也”，借“受”为“授”。“或师焉，或不焉”借“不”为“否”。在读古诗文的时候要特别注意这种情况。同音的还好说，反正听不出来，不同音的可就不行了，非分清不可。下面举些不同音通假字的例子。

知——智　“因人之力而敝之，不仁；失其所与，不知。”（《左传·烛之武退秦师》）

奉——捧　“荆轲奉樊于期头函，而秦武阳奉地图匣，以次进。”（《战国策·荆轲刺秦王》）

见——现　“轲既取图，奉之，发图，图穷而匕首见。”（《战国策·荆轲刺秦王》）

“天苍苍，野茫茫，风吹草低见牛羊。”（《敕勒歌》）

说——悦　“子曰：‘学而时习之，不亦说乎。’”（《论语》）“公输盘不说。”（《墨子·公输》）

形——行　“太形、王屋二山，方七百里，高万仞。”（《列子·愚公移山》）

亡——无　“河曲智叟亡以应。”（《列子·愚公移山》）“生之有时而用之亡度，则物力必屈。”（贾谊《论积贮疏》）

生——性　“君子生非异也，善假于物也。”（《荀子·劝学》）

胡——何　“上胡不法先王之法？”（《吕氏春秋·察今》）

责——债　“于是有卖田宅，鬻子孙，以偿责者矣。”（晁错《论贵粟疏》）

内——纳　“距关，毋内诸侯，秦地可尽王也。”（司马迁

《史记·鸿门宴》）

被——披 “屈原至于江滨，被发行吟泽畔，颜色憔悴，形如枯蒿。”（司马迁《史记·屈原列传》）

信——伸 “孤不度德量力，欲信大义于天下，而智术浅短，遂用猖獗，至于今日。”（陈寿《三国志·隆中对》）

从——纵 “负锄梃谪戍之徒，圜视而合从，大呼而成群。”（柳宗元《封建论》）

冒——蒙 “先设一铁板，其上以松枝、蜡和纸灰之类冒之。”（沈括《梦溪笔谈·活板》）

莫——暮 “至莫夜月明，独与迈乘小舟，至绝壁下。”（苏轼《石钟山记》）

业——孽 “母闻之，面色灰死，大惊曰：‘业根，死期至矣！’”（蒲松龄《聊斋志异·促织》）

用——因 “用此，富者贿数十百金，贫者罄衣装；绝无有者，则治之如所言。”（方苞《狱中杂记》）

少——小 “余始循以入；道少半，越中岭，复循西谷，遂至其巅。”（姚鼐《登泰山记》）

六、注意新的读音规范

普通话审音委员会于 1957 ~ 1962 年分三次发表了《普通话异读词审音表初稿》的正编、续编、三编，并于 1963 年汇集成《普通话异读词三次审音总表初稿》发表。从那以后的很长时间内，我们都是以《初稿》为读音规范。

1982 年起又对《初稿》进行修订，并于 1985 年 12 月 27 日，由国家语言文字工作委员会、国家教育委员会、广播电视部以《普通话异读词审音表》的名称予以公布。从此，读音就当以此表为准。遗憾的是，有人对此新规范并不熟悉，依然按《初稿》读音，这是值得注意的。

《审音表》对《初稿》读音的改动主要是两点：一是归并多音，改一字多音为“统读”，即该字不论用于任何词语中只读一音。例如“呆”，原有 dāi 和 ái 两个读音，在“呆板”一词中要读 ái，现在取消了 ái 音，统读 dāi，再读 ái 就错了。二是从众改音。如改“啥”shà 为 shá，改“绩”jī 为 jì。“统读”是最值得注意的，下面举一些例字。

凹　统读 āo，　不读 wā。
白　统读 bái，　不读 bó。
傍　统读 bàng，不读 bāng 或 páng。
鄙　统读 bǐ，　不读 bì。
橙　统读 chéng，不读 chén。
从　统读 cóng，不读 cōng。
咄　统读 duō，　不读 duó。
多　统读 duō，　不读 duó。
法　统读 fǎ，　不读 fà。
砝　统读 fǎ，　不读 fà。
帆　统读 fān，　不读 fán。
汾　统读 fén，　不读 fēn。
刽　统读 guì，　不读 kuài。
甲　统读 jiǎ，　不读 jià。
迹　统读 jì，　不读 jī。
粳　统读 jīng，不读 gēng。
框　统读 kuàng，不读 kuāng。
括　统读 kuò，　不读 guā。
蕾　统读 lěi，　不读 léi。
敛　统读 liǎn，不读 liàn。
芒　统读 máng，不读 wáng。
盟　统读 méng，不读 míng。

讷　统读 nè，　不读 nà。
妮　统读 nī，　不读 ní。
脓　统读 nóng，不读 néng。
胚　统读 pēi，　不读 péi。
澎　统读 péng，不读 pēng。
匹　统读 pǐ，　不读 pī。
期　统读 qī，　不读 jī。
骑　统读 qí，　不读 jì。
绕　统读 rào，　不读 rǎo。
射　统读 shè，　不读 yè。
胜　统读 shèng，不读 shēng。
淑　统读 shū，　不读 shú。
菽　统读 shū，　不读 shú。
萎　统读 wěi，　不读 wēi。
寻　统读 xún，　不读 xín。
驯　统读 xùn，　不读 xún。
沿　统读 yán，　不读 yàn。
凿　统读 záo，　不读 zuò。
召　统读 zhào，不读 zāo。
脂　统读 zhī，　不读 zhǐ。
指　统读 zhǐ，　不读 zhī。
佐　统读 zuǒ，　不读 zuó。

第七节　朗诵的字音美

前面六节讨论的是怎样把字咬准的问题，朗诵的咬字不仅要求“准”，而且要求“美”。就是说，不仅要解决“对不对”的问题，而且要解决“好不好”的问题。怎样才算美呢？“美”是指咬字要清晰纯净、圆润饱满，轻巧灵活、流畅自然。字音清晰纯净而不含糊混浊，圆润饱满而不扁涩单薄，轻巧灵活而不笨拙呆板，流畅自然而不“磕磕绊绊”。那么，怎样才能做到咬字美呢?

一、讲究咬字方法

传统上用“吐字归音”概括咬字的过程和方法。所谓“吐字归音”是指对字头、字腹、字尾的完整处理，分别称之为出字、立字、归音。

（一）出字

出字是指对字头的处理，是发音的开始阶段。字头包括声母、韵头（介母）。字头的发音要求要叼住弹出，准确有力。

有几种情况：

1. 有头，而且声、介母都有。把声母和介母合在一块发，声、介合一作字头。如“边（biān）”、“笑（xiào）”、“光（guāng）”、“揣（chuāi）”、“学（xué）”、“娟（juān）”等字。

2. 有头，只有声母。直接用字腹的元音解除声母的阻碍。声母的部位、方法准确，发音短促，清晰有力。

3. 有头，只有介母。发音时把介母当声母用，适当提高 i、u、ü 的舌位，找阻气的感觉，以显示字头音的“点”的特点。如“呀（ya）”、“弯（wān）”、“月（yuè）”等字。

4. 无头字。既无声母，又无介母，一开始就是字腹，出字阶段与立字阶段合二而一了。这种字怎样找“点”的感觉把字叼住呢？有两种方法：字腹是 i、u、ü 的，如 3，在发音开始阶段，适当提高舌位，找阻气的感觉。如“衣（yī）”、“阴（yīn）”、“物（wù）”、“雨（yǔ）”、“云（yún）”等字。字腹是开口呼的，发音开始阶段，在增加肌肉紧张度的同时，于音节前加一个喉塞音[ʔ]，即轻微咳嗽的感觉，时间绝不能长，找到阻气的感觉之后要立即转入字腹元音。如“爱（ài）”、“安（ān）”、“欧（ōu）”

“恩（ēn）”、“啊（ā）”、“鹅（é）”等字。有人在这种字前面加上n或ng，读成“爱（ngài）”、“欧（ngōu）”、“鹅（ngé）”等，这是不对的。

（二）立字

立字，是指对字腹即主要元音的处理。字腹是音节中最主要的部分，是最响亮的一个音素。立字就立在它上边，这个阶段是整个咬字过程中时值最长、发音最响亮的阶段，也是扩大共鸣、美化字音的阶段。要调整好口腔的形状、开度和松紧，把字腹拉开立起，使之圆润丰满。

（三）收字

收字，也就是归音，是对字尾的处理，是字音的收束阶段。要趋向鲜明，到位弱收。元音尾两个，i、u（o是书写形式，实际是u），辅音尾两个，n、ng，要根据各音的特点发准、发好。

收i尾时，口角向两侧展开，前人谓之“展辅”。如“怀（huái）”、“北（běi）”等字。

收u尾时，双唇敛起收圆，前人谓之“敛唇”。如“手（shǒu）”、“流（liú）”、“好（hǎo）”、“叫（jiào）”等字。

收n尾（前鼻辅音）时，舌尖抵上齿龈，前人谓之“抵腭”。如“单（dān）”、“琴（qín）”等字。

收ng尾（后鼻辅音）时，软腭下降，与舌根相抵，声音经过后咽壁收入鼻腔，前人谓之“穿鼻”。如“当（dāng）”、“晴（qíng）”等字。

有的字没有尾巴，谓之“开尾”，如“把（bǎ）”、“家（jiā）”、“我（wǒ）”、“国（guó）”、“鹅（é）”、“和（hé）”、“也（yě）”、“月（yuè）”等字。这种开尾字是一音到底，口形始终保持不变，不管拖音多长，都是一个元音的延续，不到声音终了，口形不能变换。

把上述过程综合起来，出字准确清晰、短促有力，立字拉开立起，圆润丰满，收字趋向鲜明，到位弱收，就形成了咬字的“枣核形”（如图）。这样的咬字，点面结合，清晰丰满，能给人以美感。

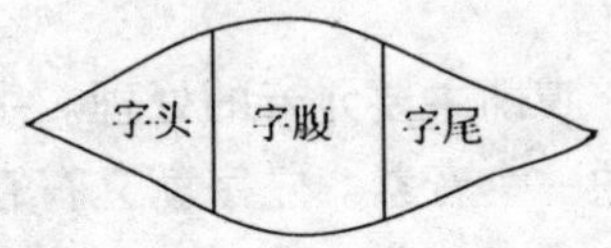

二、坚持“取中”原则

为了使我们的咬字符合朗诵语言美的要求，在实际发音过程中要坚持“取中”的原则。有两层意思：一是，相对于日常生活语言和歌唱语言而言，介于二者之间。日常生活语言的咬字是“小、前、横”，即口腔开度小，字音着力点靠前，横向感觉多。这样的咬字倒是自然，但过于直白，缺乏艺术魅力。歌唱的咬字是“大、后、竖”，即口腔开度大，字音的着力点靠后，竖的感觉多。这样的咬字，宽松丰满，感染力强，但清晰度稍欠，也不够自然。朗诵的咬字，既要注意自然，又要注意美感。因此，我们主张介于生活和歌唱二者之间。二是，就语言自身特点而言，也要取中。在符合语音规律、保证字音不走样的前提下，我们主张朗诵咬字要：

前音稍后，后音稍前；

开音稍闭，闭音稍开；

横音稍竖，竖音稍横。

例如“i”这个元音是前、闭、横，我们就要发得稍后、稍开、稍竖。“u”这个元音是后、闭、竖，我们就要发得稍前、稍开、稍横一些。

三、注意口腔控制

口腔是语音的制造工厂，咬字的功夫主要在口腔。必须加强口腔控制，使各部分协调一致地工作，把字咬好。

（一）适当打开口腔

打开口腔，使口腔的开度比日常说话要大些。开大，不是越大越好，而是要适当，要造成一个良好的口形，即“⊃”形（英文字母U倒放）。这样的口形，是通过“提颧肌、开牙关、挺软腭、松下巴”造成的。

提颧肌。颧肌稍稍用力向上提起。可用微笑来体会。颧肌提起可使口腔前部有展宽的感觉，鼻孔也略微张大，同时使唇尤其是上唇能紧贴牙齿，增强唇的控制力量。

开牙关。加大上下槽牙之间的距离，特别是两侧的上后槽牙始终有向上提起的感觉。这样有利于丰富口腔共鸣，使字音圆润丰满。可以用咀嚼来体会，可以通过带“ɑ”的音节反复练习。

挺软腭。软腭是上腭后部松软的那部分，俗称软口盖。软腭上挺，扩大口腔后部的空间，可以使声音宽厚、结实，同时把鼻腔关闭，可以避免鼻音。注意，不可挺得太高，同时要根据不同的音节结构来变化，发鼻音声母和收鼻辅音尾时软腭还是要下来。可以用打哈欠来体会，但动作不要太大。

松下巴。下巴自然放松，使口腔明显打开。下巴不能向前“铲”，否则字音会扁，不好听。也不能太向下后方缩，否则会压迫喉头，影响发音。一定要自然，很舒服地向下放松，略微后收。

（二）唇舌灵活有力

嘴唇是字音的出口，唇的活动对吐字质量影响明显。唇要十分灵活有力，有较强的收撮力，力要集中于唇的中段，不能分散。唇要紧贴牙齿自然滑动，不能过撅。发音时用唇的外缘接触，喷发有力。唇的活动幅度不宜太大，不要横着咧，要“口角轻圆”。

舌，是活动最积极、影响最大的咬字器官。要伸缩自如、弹动有力，能灵活地进行各种复杂的运动。舌的前、中部有收拢上挺的力量以使字音明亮、集中。舌的后部一般要平展、放松，不要隆起，不要紧张。舌尖要尽可能收窄。

四、注意声音路线和字音位置

声音沿着上腭的中纵线推到硬腭前部，这条中纵线就是声音路线，硬腭前部就是字音的着力位置。字音好像被吸住，挂在前硬腭上，然后从上齿背后弹出。这样发音，音色集中明朗，吐字清晰有力。

技巧训练

一、声母辨正练习

(一) 平翘舌音练习

1. 对比练习　朗读下列词语，注意平舌音与翘舌音的对比。

z－zh

杂草——铡草　栽花——摘花　阻力——主力

卒子——竹子　暂时——战时　早到——找到

赠品——正品　自力——智力

c－ch

擦手——插手　催动——吹动　层楼——城楼

推辞——推迟　木材——木柴　新村——新春

鱼刺——鱼翅　小草——小炒

s－sh

私人——诗人　搜集——收集　俗语——熟语

三下——山下　缩写——说写　散心——善心

治丧——治伤　申诉——申述

2. 组词练习　下列词语为平翘或翘平组合，反复朗读，分清平翘。

z – zh

组织　杂志　座钟　赞助　尊重　宗旨

自传　在职　紫竹　作者　滋长　增值

zh – z

指责　正宗　沼泽　制作　赈灾　知足

寨子　追踪　重灾　准则　转载　装足

c – ch

财产　促成　错车　操场　彩绸　此处

猜出　草创　刺穿　辞呈　残喘　采茶

ch – c

差错　车次　储藏　纯粹　揣测　冲刺

锄草　陈醋　吃菜　出彩　筹措　春蚕

s – sh

飒爽　松树　诉说　四书　算数　所属

岁数　私塾　琐事　撒手　素食　损失

sh – s

神色　世俗　深邃　收缩　输送　生死

食宿　失散　山色　深思　失算　守岁

3. 成语练习　朗读下列成语，分清其中的平翘舌音字。

真才实学　有志之士　英姿飒爽　出奇制胜　身先士卒

众志成城　势如破竹　杀身成仁　壮志未酬　只争朝夕

跋山涉水　山高水长　走村串户　真知灼见　知足常乐

4. 诗文练习　朗读下列诗文，分清楚其中的平翘舌音字。

大林寺桃花

白居易

人间四月芳菲尽，山寺桃花始盛开。
常恨春归无觅处，不知转入此中来。

闻乐天授江州司马

白居易

残灯无焰影幢幢，此夕闻君谪九江。
垂死病中惊坐起，暗风吹雨入寒窗。

虞 美 人

李 煜

春花秋月何时了，往事知多少？小楼昨夜又东风，故国不堪回首月明中！　　雕栏玉砌应犹在，只是朱颜改。问君能有几多愁？恰似一江春水向东流。

临 江 仙

晏几道

梦后楼台高锁，酒醒帘幕低垂。去年春恨却来时。落花人独立，微雨燕双飞。

记得小苹初见，两重心字罗衣。琵琶弦上说相思。当时明月在，曾照彩云归。

如梦令

李清照

昨夜雨疏风骤，浓睡不消残酒。试问卷帘人，却道海棠依旧。知否，知否？应是绿肥红瘦。

时间

于沙

时间是激流，既雕塑砥柱，也卷走沉沙。

时间是镜子，在它面前，一切都还原为真实。

时间是法官，对是非曲直举行最公正的审判。

时间属于任何人，但，从时间手中获取的价值，却不是任何人都相等的。

对钟情者钟情，对寡情者寡情，这便是时间的处世哲学。

有的人

——纪念鲁迅有感

臧克家

有的人活着
他已经死了；
有的人死了
他还活着。

有的人

骑在人民头上："呵，我多伟大！"
有的人
俯下身子给人民当牛马。

有的人
把名字刻入石头，想"不朽"；
有的人
情愿作野草，等着地下的火烧。

有的人
他活着别人就不能活；
有的人
他活着为了多数人更好地活。

骑在人民头上的
人民把他摔垮；
给人民作牛马的
人民永远记住他！

把名字刻入石头的
名字比尸首烂得更早；
只要春风吹到的地方
到处是青青的野草。
他活着别人就不能活的人，
他的下场可以看到；
他活着为了多数人更好地活着的人，
群众把他抬举得很高，很高。

名言两则

立志、工作、成功，是人类活动的三大要素。立志是事业的大门，工作是登堂入室的旅程。这旅程的尽头，就有成功在等待着，来庆祝您的努力的结果。

——巴斯德

读书足以怡情，足以长才……读史使人明智，读诗使人灵秀，数学使人周密，科学使人深刻，伦理学使人庄重，逻辑修辞之学使人善辩。凡有所学，皆成性格。

——培根

（二）鼻边音练习

1. 对比练习　朗读下列词语，注意 n、l 的对比。

n－l

女客——旅客　难住——拦住　呢子——梨子

逆行——力行　脑子——老子　粘结——联结

水牛——水流　无奈——无赖　三年——三连

老农——老龙　留念——留恋　眼内——眼泪

2. 组词练习　朗读下列词语，注意分辨鼻音 n 和 边音 l 。

n－n

男女　牛奶　那年　南宁　能耐　农奴

泥泞　奶牛　忸怩　哪能　难弄　女奴

l－l

拉力　老练　来临　嘹亮　磊落　流利

理论　力量　玲珑　流连　绿柳　琳琅

n－l

年龄　能力　耐劳　内陆　暖流　纳凉

尼龙　男篮　女篮　凝练　南岭　能量

l－n

历年	冷暖	留念	老牛	龙年	路南
老农	辽宁	楼内	来年	烂泥	落难

3. 成语练习　朗读下列成语，读准鼻边音字。

林茂粮丰	花红柳绿	琳琅满目	流连忘返
量才录用	力挽狂澜	淋漓尽致	南来北往
小巧玲珑	成年累月	老骥伏枥	难能可贵

4. 诗文练习　朗读下列诗文，读准其中的鼻边音字。

寄王琳

庾信

玉关道路远，金陵信使疏。
独下千行泪，开君万里书。

渔歌子

张志和

西塞山前白鹭飞，桃花流水鳜鱼肥。
青箬笠，绿蓑衣，斜风细雨不须归。

浪淘沙

李煜

帘外雨潺潺，春意阑珊。罗衾不耐五更寒。梦里不知身是客，一晌贪欢。

独自莫凭栏！无限江山，别时容易见时难。流水落花春去也，天上人间。

渔 家 傲

范仲淹

塞下秋来风景异，衡阳雁去无留意。四面边声连角起。千嶂里，长烟落日孤城闭。　　浊酒一杯家万里，燕然未勒归无计！羌管悠悠霜满地。人不寐，将军白发征夫泪。

别

吴奔星

你走了，
没有留下地址，
只留下一串笑容
在夕阳里。

你走了，
没有和谁说起，
只留下一双眼睛
在露珠里。

你走了，
没有说去哪里，
只留下一排影子
在小河里。

你走了，
笑容融化在夕阳里，

双眼动荡在露珠里，
影子摇晃在河水里。

哪里都有夕阳，
哪里都有露珠，
哪里都有河水，
你走了，留下了整个的你！

送　别

真　微

盛夏，阳光是多么的明亮，南风是多么的清凉。祝贺啊，白发苍苍的老师！今日里，又有一群羽毛初丰的雏鹰，将要飞离您的身旁。祝贺啊，风华正茂的孩子！今日里，好好儿鼓起自己的翅膀，飞向那美好的生活理想。

别难舍自己的孩子吧，别眷恋自己的“亲娘”。深藏着依依惜别之情，让欢笑照样地跳跃在我们的脸上。迈出去坚实的步子，整一整充实的行装。一步踏出一个脚印——啊，又禁不住一步一次回头张望。张望啊，张望，在那熟悉的杨树下，在那熟悉的石桥上，亲人啊，正在向你们频频招手；热泪啊，已沾满了他的眼眶……

啊，这绝不是什么忧伤，谁不知道这里面饱含着无穷的喜悦和期望。辛勤的园丁啊，您又一次把花种播送在祖国的泥土上！

（三）f与h的辨正练习

1. 对比练习　朗读下列词语，注意f与h的对比。

f－h

开方——开荒　干饭——干旱　开发——开花

大副——大户　不费——不会　不分——不昏
理发——理化　姓房——姓黄　飞天——黑天
反话——喊话　佛学——活学　肥了——回了

2. 组词练习　朗读下列词语，注意分清 f 与 h。

f－h

发挥　防护　分化　繁华　番号　负荷
风寒　废话　反悔　烽火　发还　返航

h－f

海防　后方　恢复　划分　洪福　花费
厚非　华发　换防　荒废　横幅　合法

3. 成语练习　朗读下列成语,注意分清其中 f 、h 声母的字。

发愤图强　意气风发　翻天覆地　春风化雨
返老还童　风华正茂　灿烂辉煌　非分之想
反腐倡廉　风花雪月　心花怒放　反复无常

4. 诗文练习　朗读下列诗文,注意其中 f 、h 声母字的读音。

赠花卿

杜甫

锦城丝管日纷纷，半入江风半入云。
此曲只应天上有，人间能得几回闻？

黄鹤楼

崔颢

昔人已乘黄鹤去，此地空余黄鹤楼。
黄鹤一去不复返，白云千载空悠悠。

晴川历历汉阳树，芳草萋萋鹦鹉洲。
日暮乡关何处是，烟波江上使人愁。

名言二则

自满使人变得消极，自满的人会逐渐远离沸腾的生活，因为他伴着以往的荣誉昏睡，哪怕是微不足道的荣誉。生活如同在激流中搏击，你可以得到片刻间歇，稍事休息，唤起你的精力和果敢去迎接新的挑战。而自满是一个信号，它警告你：漫长的“休假”会使你陷于枯燥乏味的生活。

没有自己的默许作为沃土，自满是不可能在心中蔓延的。

切记：自满是上帝赐予平庸小人的礼物。

——马克斯维尔·莫尔滋

你们不要浪费时间，在交际场中或政治圈里去拉关系。你们会看到许多同行，勾心斗角，谋求富贵——这些不是真正的艺术家；可是其中不乏聪明的人。如果在他们的地盘上打算和他们争名夺利，你们将和他们同样浪费时间，就是说耗尽你们的一生——那就再不剩一分钟的时间给你们去做一个艺术家了。

——罗丹

二、韵母辨正练习

（一）辨前后

1. 对比练习　朗读下列词语，注意前后鼻音的对比。

-n— -ng

中心——中兴　人民——人名　天津——天京
山荫——山鹰　扶贫——扶平　不亲——不清
长针——长征　水深——水生　木盆——木棚

三根——三更　老陈——老程　刮分——刮风
出产——出厂　木船——木床　前人——强人
春天——冲天

2. 组词练习　朗读下列词语，分清前后鼻音。

－n——－n

金银　临近　民心　亲近　辛勤
新闻　信任　谨慎　心神　印痕
缤纷　认真　振奋　根本　深沉
真品　森林　沉稳　深圳　人们

－ng——－ng

命令　倾听　英明　兵营　宁静
清醒　叮咛　姓名　轻型　评定
更正　丰盛　登程　升腾　成功
中东　公众　通融　松动　洪钟

－n——－ng

金陵　民兵　品行　禁令　银鹰
拼命　聘请　银杏　新兴　真正
文风　深耕　本能　神圣　真诚
奔腾　阵风　人生　喷灯　怎能

－ng——－n

鸣金　省心　命运　警民　清新
并存　凝神　凌晨　重心　佣金
证人　胸襟　星云　更新　城镇
样品　房产　矿山　当前　宏观

3. 成语练习　朗读下列成语，注意分清其中的前后鼻音字。

欣欣向荣　繁荣昌盛　锦绣前程　平心静气
镇定从容　聚精会神　赤胆忠心　心心相印
平易近人　循循善诱　文质彬彬　英勇善战

名正言顺　万象更新　身体力行　精兵简政

4. 诗文练习　朗读下列诗文，读准其中的前后鼻音字。

渭城曲

王维

渭城朝雨浥轻尘，客舍青青柳色新。
劝君更尽一杯酒，西出阳关无故人。

蜀相

杜甫

丞相祠堂何处寻，锦官城外柏森森。
映阶碧草自春色，隔叶黄鹂空好音。
三顾频繁天下计，两朝开济老臣心。
出师未捷身先死，长使英雄泪满巾。

春日

朱熹

胜日寻芳泗水滨，无边光景一时新。
等闲识得东风面，万紫千红总是春。

浪淘沙

北戴河

毛泽东

大雨落幽燕，白浪滔天，秦皇岛外打鱼船。一片汪洋都不见，知向谁边？

往事越千年，魏武挥鞭，东临碣石有遗篇。萧瑟秋风今又是，换了人间。

满庭芳

秦　观

山抹微云，天连衰草，画角声断谯门。暂停征棹，聊共引离尊。多少蓬莱旧事，空回首，烟霭纷纷。斜阳外，寒鸦万点，流水绕孤村。　　销魂，当此际，香囊暗解，罗带轻分。谩赢得青楼，薄幸名存。此去何时见也，襟袖上，空惹啼痕。伤情处，高城望断，灯火已黄昏。

山亭柳

赠歌者

晏　殊

家住西秦，赌薄艺随身。花柳上，斗尖新。偶学念奴声调，有时高遏行云。蜀锦缠头无数，不负辛勤。　　数年来往咸阳道，残杯冷炙漫销魂。衷肠事，托何人？若有知音见采，不辞唱阳春。一曲当筵落泪，重掩罗巾。

（以上重点练前鼻韵）

竹　石

郑　燮

咬定青山不放松，立根原在破岩中。

千磨万击还坚劲，任尔东西南北风。

过零丁洋

文天祥

辛苦遭逢起一经，干戈寥落四周星。
山河破碎风飘絮，身世浮沉雨打萍。
惶恐滩头说惶恐，零丁洋里叹零丁。
人生自古谁无死？留取丹心照汗青。

六州歌头

张孝祥

长淮望断，关塞莽然平。征尘暗，霜风劲，悄边声。黯销凝。追想当年事，殆天数，非人力。洙泗上，弦歌地，亦膻腥。隔水毡乡，落日牛羊下，区脱纵横。看明王宵猎，骑火一川明，笳鼓悲鸣，遣人惊。　　念腰中箭，匣中剑，空埃蠹，竟何成！时易失，心徒壮，岁将零。渺神京。干羽方怀远，静烽燧，且休兵。冠盖使，纷驰骛，若为情！闻道中原遗老，常南望、翠葆霓旌。使行人到此，忠愤气填膺，有泪如倾。

破　阵　子

为陈同甫赋壮词以寄

辛弃疾

醉里挑灯看剑，梦回吹角连营。八百里分麾下炙，五十弦翻塞外声。沙场秋点兵。

马作的卢飞快，弓如霹雳弦惊。了却君王天下事，赢得生前身后名——可怜白发生！

（以上重点练后鼻韵）

果林夜曲

梁上泉

火把都快燃尽了，
已烧得血液沸腾；
朋友结伴走开了，
走进那苹果树林。

——深深，深深……

阿妹的口弦声声，
阿哥的月琴叮叮，
共同弹着一个曲调，
伴和着一个心音。

——轻轻，轻轻……

不碰落枝头的夜露，
不惊动草丛的虫鸣；
在自己营造的果园，
倾诉甜蜜的爱情。

——静静，静静……

让正在成熟的果子
多添一些糖分；
让正在上色的果子
多添一些红晕。

——亲亲，亲亲……

星

孙友田

上班了，他要下井，
——去领灯。
啊，她递给他三颗星：
一盏矿灯，
两只眼睛。

一团光明陪着他开采，
两汪深情鼓励他攀登。
煤海与心海，
都激起一层浪花，
一片涛声。

他脸上沾满煤粉，
眼睛更亮，
眉毛更浓，

三颗星的光芒，
都溶进突破记录的欢腾。

下班了，他上了井，
——去还灯。
啊，她放飞的星辰回来了，
最亮的那颗，
就是这个采煤工。

风景人生

李绪国

人生，其实是很多种风景组成的漫漫行程！

有春光烂漫，有冰川雪峰，有阴风怒号彤云密布，亦有莺歌燕舞酥雨濛濛。在平坦与坎坷共存的生命旅途中，有太多的事让我们欢喜让我们忧，重要的，是看你怎样去权衡！

当喝彩与掌声潮水般把你紧紧地拥在其中，你会不会一如出发前那样清醒？当美酒与奉承话把你灌得酩酊大醉，你是不是已满足于那些虚浮的名声？可是朋友，这时你更需要冷静，走出围城，去寻找更壮丽的风景，才是你真正的使命！

当雨很猛风很凶地袭来的时候，你会不会满眼的惊恐？当电闪雷鸣道路泥泞的时候，你是不是依然奋力前行？那么，这时，请用年轻人的自信点燃希冀的圣火，只要不改初衷，我们的生命就如十月的枫叶，愈经风霜愈显鲜红。虽然，单薄的衣衫使你显得像一叶飘零的青萍，但是，多年以后当我们含笑或含泪回顾那如梦如歌的年龄，我们就不会愧对那个倔强的身影！

珍爱青春，用不悔的真诚去跋涉这风景人生，我们的故事就会因生动而永恒。虽然时光的脚步太匆匆，但正因为多了这份凝重，更远处，无论是险山恶水还是鲜花幽径，我们都会从从容容！

名言三则

人生的目的，在发展自己的生命，可是，也有为发展必须牺牲生命的时候。因为，平凡的发展，有时不如壮烈的牺牲足以延长生命的音响和光华。绝美的风景，多在奇险的山川；绝壮的音乐，多是悲凉的韵调；高尚的生活，常在壮烈的牺牲中。

——李大钊

有信仰的人，就是谦虚地追求真理的人，他们确切地知道人类的高贵和生命的尊严。信仰就是对宇宙和生命怀抱坚定的信念，它是智慧的源泉，是人类精神的骨架。具有崇高的信仰，才能立足于根本的人性，才能使生命生气勃勃地运动，劲头十足地度过有意义的一生。

——池田大作

作家写作时如果一心惦记自己的特点就会自食其果了；如果个性是真诚的，它总会充分表现出来。基督的话也适用于艺术："希望拯救自己生命（个性）的人反而丧命。"

——纪　德

（二）辨单复——u 与 ou

1. 对比练习　朗读下列词语，注意单韵母 u 与复韵母 ou 的对比。

u－ ou

炉台——楼台　护卫——后卫　抒发——收发

图书——投书　扑面——剖面　树人——瘦人

大鼓——大狗　不出——不抽

2. 组词练习　朗读下列词语，注意分清单复韵母。

u － ou

步骤　出头　独奏　渡口　扶手

幕后　五洲　足够　怒吼　梳头

ou － u

手足　走路　构图　候补　投入

厚度　扣除　投诉　口福　豆腐

3. 成语练习　朗读下列成语，读准其中的 u、ou 韵母字。

守株待兔　昼伏夜出　风雨无阻　艰苦朴素

量入为出　得天独厚　足智多谋　情同手足

破釜沉舟　未雨绸缪　抽肥补瘦　初露头角

4. 诗文练习　朗读下列诗文，读准其中的 u、ou 韵母字。

旅夜书怀

杜　甫

细草微风岸，危樯独夜舟。
星垂平野阔，月涌大江流。
名岂文章著？官因老病休。
飘飘何所似？天地一沙鸥。

踏　莎　行

秦　观

雾失楼台，月迷津渡，桃源望断无寻处。可堪孤馆闭春寒，杜鹃声里斜阳暮。

驿寄梅花，鱼传尺素，砌成此恨无重数。郴江幸自绕郴山，为谁流下潇湘去?

摸 鱼 儿

淳熙己亥，自湖北漕移湖南，同官王正之置酒小山亭，为赋。

辛弃疾

更能消几番风雨，匆匆春又归去。惜春长怕花开早，何况落红无数。春且住。见说道、天涯芳草无归路。怨春不语。算只有殷勤，画檐蛛网，尽日惹飞絮。　长门事，准拟佳期又误。蛾眉曾有人妒。千金纵买相如赋，脉脉此情谁诉?君莫舞，君不见、玉环飞燕皆尘土！闲愁最苦。休去倚危栏，斜阳正在，烟柳断肠处。

名言一则

古今之成大事业大学问者，必经过三种之境界：“昨夜西风凋碧树，独上高楼，望尽天涯路。”（晏殊《蝶恋花》）此第一境也；“衣带渐宽终不悔，为伊消得人憔悴。”（柳永《蝶恋花》）此第二境也；“众里寻他千百度，蓦然回首，那人却在灯火阑珊处。”（辛弃疾《青玉案》）此第三境也。

——王国维

（三）辨齐撮—— i 与 ü

1. 组词练习　朗读下列词语，注意齐撮的口形。

i－ü

继续　急剧　戏曲　依据　寄语

祁剧　下雪　教学　坚决　节约

ü — i

续集　预计　曲艺　聚积　决议

学习　崛起　捐献　军舰　确切

ü — ü

序曲　选举　雨雪　绝句　允许

余缺　源泉　约略　旋律　军旅

2. 成语练习　朗读下列成语，特别注意撮口呼字的发音。

缘木求鱼　循序渐进　学以致用　循规蹈矩

虚与委蛇　异曲同工　跃跃欲试　欲取姑予

一语破的　与日俱增　浴血奋战　源远流长

3. 诗文练习　朗读下列诗文，注意发好齐撮韵母字。

忆 秦 娥

李　白

萧声咽，秦娥梦断秦楼月。秦楼月，年年柳色，霸陵伤别。乐游原上清秋节，咸阳古道音尘绝。音尘绝，西风残照，汉家陵阙。

满 江 红

岳　飞

怒发冲冠，凭栏处、潇潇雨歇。抬望眼，仰天长啸，壮怀激烈。三十功名尘与土，八千里路云和月。莫等闲、白了少年头，空悲切。

靖康耻，犹未雪。臣子恨，何时灭？驾长车踏破，贺兰山缺。壮志饥餐胡虏肉，笑谈渴饮匈奴血。待从头、收拾旧山河，朝天阙。

三、声调练习

阴平（55）

鲜花　光辉　春天　秋千　关心

新生　公司　天山　青松　金星

阳平（35）

和平　玲珑　行人　湖南　国营

诚实　长河　名言　南极　良田

上声（214）

永远　友好　导演　了解　水手

美感　影响　爽朗　想法　主宰

去声（51）

道路　政策　胜利　艺术　壮丽

目的　奋斗　电视　运动　力量

四声顺序

山明水秀　花红柳绿　风调雨顺　光明磊落

胸怀坦荡　中流砥柱　千锤百炼　兵强马壮

四声逆序

万里山河　绿草如茵　热火朝天　奋起直追

大显神通　妙手回春　跃马扬鞭　四海为家

四、轻声练习

朗读下列轻声词，注意前后音节的对比。

习惯性轻声 100 例：

报酬　比方　残疾　打发　耽误

规矩	街坊	机灵	见识	欺负
斯文	势力	说法	岁数	心思
委屈	云彩	应付	琢磨	照应
正经	本事	打扮	队伍	工夫
故事	合同	客人	粮食	便宜
漂亮	亲戚	情形	清楚	任务
生意	舒服	时候	事情	商量
态度	位置	休息	消息	笑话
意思	周到	主意	招呼	包涵
摆布	差事	打点	打磨	底细
奉承	估计	官司	勾搭	告示
哈欠	伙计	厚道	架势	交情
拉拢	牢靠	冷清	厉害	利索
卖弄	苗条	难为	能耐	年成
算盘	千斤	轻省	熟识	属相
时辰	使唤	说和	身量	洒脱
松动	鲜亮	响动	牙口	雅致
约莫	造化	周正	找补	书记
帐篷	灶火	干巴	干系	讲究

五、儿化练习

朗读下列儿化词，体会儿化的发音。

鲜花儿	号码儿	粉末儿	书桌儿	草帽儿
麦苗儿	唱歌儿	眼珠儿	小猴儿	打球儿
盖盖儿	一块儿	刀背儿	香味儿	心眼儿
拐弯儿	窍门儿	电影儿	打鸣儿	帮忙儿
阴凉儿	玩意儿	眼泪儿	毛驴儿	小曲儿
瓜子儿	忘词儿	树枝儿	小吃儿	没事儿

奶水儿　　奶嘴儿　　干劲儿　　嗓音儿　　背阴儿
飞轮儿　　木棍儿　　掉魂儿　　合群儿　　白云儿

六、咬字练习

（一）朗读下列词语，找前音稍后和闭音稍开的感觉。

积极　　第一　　给予　　必须　　紧急
聚会　　回归　　起飞　　集体　　信息

（二）朗读下列词语，练习打开口腔。

开垦　　卡车　　矿工　　考场　　宽阔
改革　　钢管　　告发　　干啥　　嘎巴
照常　　召开　　张望　　当家　　海拔
改革开放　　慷慨激昂　　跃马扬鞭
胸怀坦荡　　拉家带口　　来日方长
招兵买马　　半斤八两　　端庄大方

（三）朗读下列词语，练习双唇控制。

背包　　播报　　不变　　冰雹　　八宝
乒乓　　奔跑　　碧波　　鞭炮　　不怕
澎湃　　斑白　　拼搏　　帮派　　评判
步兵　　排版　　磅礴　　编排　　表皮

（四）朗读下列词语，练习舌的弹力。

道德　　大度　　对等　　单独　　等待
独到　　打倒　　当地　　抖动　　登台
地点　　倒塌　　带头　　大厅　　地铁
推动　　泰斗　　提单　　停顿　　特定

（五）朗读下列两首词，体会打开口腔的感觉。

望 海 潮

柳 永

东南形胜，三吴都会，钱塘自古繁华。烟柳画桥，风帘翠幕，参差十万人家。云树绕堤沙，怒涛卷霜雪，天堑无涯。市列珠玑，户盈罗绮，竞豪奢。　　重湖叠巘清嘉，有三秋桂子，十里荷花。羌管弄晴，菱歌泛夜，嬉嬉钓叟莲娃。千骑拥高牙。乘醉听萧鼓，吟赏烟霞。异日图将好景，归去凤池夸。

唐 多 令

邓 剡

雨过水明霞，潮回岸带沙。叶声寒，风透窗纱。堪恨西风吹世换，更吹我，落天涯。　　寂寞古豪华，乌衣日又斜。说兴亡，燕入谁家？惟有南来无数雁，和明月，宿芦花。

七、读下列作品，读准音节的声、韵、调，读出音变，并注意字音美。

洁白的手帕

老太太躺在急诊室床上，我才醒悟：上了当！我怎么会被那姑娘骗了？雨中她拦住我，苍白俊秀的小脸上，一双眼睛惊恐地张大着。长睫上挂着晶亮的东西——其实是雨滴！“您瞧，怎么办哪？”我这才发现，街上一动不动卧着个白发老人。“她是你的什么人？”“我也是过路的。”“车撞的？”“唉……”我毅然做老人和少女的保护神了，在马路中央拦汽车。一辆，又一辆，无情的司机只留给我满身满脸的泥水泥浆。她递给我雪白的一块手绢，我真为她的善良动心！又一辆吉普车驶来，停住，好心的解放军，帮我们把老太太抬上车……

好个调包计：准是她撞倒了老人，却让我送医院。咳，傻小子！你怎么就不长个心眼？开车前一刹那，我问："你不上车?""挤不下了。再说，我的自行车……喏，雨衣给我。"得，裹在老人身上的雨衣也给了她。我只剩下那块手帕，是紫罗兰香水味儿的。

"你妈妈醒了！"护士惊喜地把我推到老人跟前。谢天谢地，把我当成了她儿子！老人失血的嘴唇抖动着，好不容易才猜出她的话："我发烧，儿子媳妇都不管我，我自个儿来医院，没想半路上晕倒了……"

我的心在颤抖，尽着一个路旁捡来的"儿子"能尽的孝心。这时，送我们的解放军返回了："差点儿忙忘了，您上车时，姑娘留下个钱包。她是您什么人？女儿?"

老人眼角流出滚烫的泪。她多大福分，捡了个"儿子"，又拾了一个"女儿"。我在医院又耽搁了一些时候，等到出院时，天已亮了，雨还在下。我的心很沉重：因为世上有丑恶存在，就该怀疑好的东西吗？我想起了那姑娘，可惜不会再见到她了，见了也认不出那苍白的脸，挂着晶莹泪珠的长睫……

正想着，一抬头——天哪！雨中出现了一个身影，车子骑得那样快，又"咔嚓"一声停在了我面前："让您受累了，我赶着上了个夜班，提前请假来了，那老太太……"

我毅然转回身，陪同她走进了医院。

第三章　朗诵的发声技巧

声音对每个人都是重要的。一个人嗓子好是一生的幸运，因为好的声音是人的魅力的重要组成部分。

朗诵主要是用声音进行工作的，有声语言是朗诵创作的主要手段，声音的好坏与朗诵创作关系太大了。优美动听的声音当然离不开天赋，但光靠天赋是不够的，还必须重视后天的训练。训练就要讲方法，本章就是向大家介绍科学的发声方法。

第一节　朗诵对声音的基本要求

依据朗诵语言的特殊活动方式和受众的审美要求，对朗诵的声音提出以下基本要求。

一、清晰纯净，自然流畅

这主要是对咬字的要求。朗诵是一种言语声，离不开字。朗诵咬字在准确规范的基础上，必须讲究干净利落、朴实自然、连贯流畅，不能含混不清，不能矫揉造作，不能板滞阻塞。

二、宽松通畅，圆润明朗

这主要是对音色的要求。声音要上下贯通，不憋不挤；要宽厚松弛，不尖细逼紧；要“珠圆玉润”，不干涩扁散；要爽朗明亮，不阴暗低沉。

三、色调丰富，运用自如

这是对声音的弹性和表现力的要求。朗诵题材内容广泛，形式风格多样，这就要求朗诵者的声音不能太单一，要色调丰富，而且善于变化。要能刚能柔，刚而不硬，柔而不妖，刚中寓柔，柔中有刚，刚柔相济，软硬适度；要有实有虚，以实为主，虚实结合。另外，在明暗、高低、强弱等方面，也应该有对比，善变化，而且这种变化是应情而生，十分自如。这样多彩而善变的声音才能有较强的表现力。

第二节　发声方法

发声，就是由肺里呼出气息，振动喉头的声带，发出声音，再经过共鸣腔得到放大和美化，并通过口腔的节制，形成语音(字音)。这个过程涉及生理作用（发音器官及其作用)、物理作用（声音的传播）和心理作用（人脑对声音的指挥和控制作用)。下面我们分别介绍呼吸、声带发声和共鸣的科学方法。

一、呼吸

（一）呼吸的重要意义

正确的呼吸是朗诵艺术中一个重要因素。气息是发声的动力、基础。发声的能力、音质的优美和情感的表达，都与呼吸密切相关；朗诵声音的高低、强弱、抑扬、顿挫等种种变化，全靠肌肉的准确而灵活的运动。“善歌者必先调其气”，“夫气者，音之帅也，气粗则音浮，气弱则音薄，气浊则音滞，气散则音竭”。古人的话充分说明了呼吸的重要意义。掌握科学的呼吸方法，不断提高气息控制能力，对朗诵来说是十分重要的。

朗诵的呼吸不同于日常的呼吸。日常的呼吸比较平静，比较浅，一次呼吸只有三秒左右。朗诵的呼吸运动就不同了，吸气动作很快，而呼气动作很慢，遇到长句子，一次呼气可长达上十秒。而且朗诵的气息变化很多，日常的那种呼吸是远远不能适应需要的，必须通过学习、锻炼，才能逐渐掌握科学的呼吸方法，不断改进、提高控制气息的能力。

（二）朗诵对气息的要求

朗诵发声对气息控制有较高的要求，概括起来是十个字：稳劲、节省、持久、自如、协调。

稳劲。呼吸控制要有力，始终保持“对抗”和“橡皮球”感觉，不能松懈，不能塌瘪。呼气必须均匀、平稳，要在保持稳定的基础上灵活调节。

节省。节省气息的原则是指在发声时用最少的气息产生最好的声音效果。气不在多而在“巧”，即会用。呼气要极有控制，在保证发声需要的前提下要十分吝啬，决不多出。最大限度地发挥气息的功能，有效地把能量转化为声音。有人感到气短，往往是因为排气过多，浪费了气息。

持久。有两层含义：一是指一口气能用较长时间；二是指长时间的控制能力。遇有较长的气势较大的文稿能拿得下来，不至于读了一半就“没气”了，就声嘶力竭了。

自如。有两层含义：一是指气息调节的“自动化”；二是指技巧运用的熟练化。呼吸是一种生理活动，这种生理活动是受心理支配的。呼吸功能是一种思想感情表现的产物。不同的思想感情必定产生不同的声音，不同的声音必定依托于不同的气息运动，思想感情操纵着呼吸。在生活语言中，这个过程完全是“自动化”的，朗诵的气息控制就是要朝着这个目标努力。以情运气，以气托声。呼吸技巧要高度熟练，调节要十分灵活。

协调。气声结合协调，主要有四种基本状态：

(1) 声高气低。声音较高时，气息要深、沉、稳——支持点低。气深，压力大，有足够的动力保证，满足发高音的要求。

(2) 声低气提。发低音时要有提气的感觉，要注意保持吸气时各部位的状态。

(3) 声强气沉。声强要求气息压力大，必须在保持气柱深长的前提下，在丹田往上往里收缩顶气的同时，使横膈膜和后腰处保持向下的力量。只有这样，气息才能平稳，压力大，从而保证发强音的需要。

(4) 声弱气稳。声音较弱时，仍然要保持稳劲的控制状态，从而保证声带振动的相对稳定。否则，声弱气浮，声道不通，发音吃力，效果不好。

总之，发什么样的声就用什么样的气，一分声，一分气。

在朗诵过程中还要注意先收声，后收气，再收情。这不是简单的顺序问题，而是关系到声音完美、艺术完整的问题。如果先收情，声音就失去了依托而没有了灵魂；先收气，声音就失去了动力支持而变得模糊或中断，破坏语流线条的完美统一。只有先收声，后收气，再收情，才能给人以有头有尾的完整感觉，显示朗诵语言的艺术美；才能深刻揭示语句篇章的思想感情的内涵，给人留下深刻印象，令人回味无穷。

（三）呼吸方法

常见的呼吸方法有两种，一是胸式呼吸，二是腹式呼吸。

胸式呼吸。主要是依靠胸腔控制气息。吸气时双肩上抬，吸气浅，气息容量小，容易造成颈部和喉部紧张，发出来的声音逼紧，生硬不自然，而且容易坏嗓子。

腹式呼吸。主要依靠横膈膜，用腹部肌肉控制气息。这种方法，失去胸腔的帮助，气息容量不大；吸气过深，使气息不能对声带形成必要的压力，发出的声音空洞无力，缺乏圆润明朗的色彩，发高音尤其困难。

上述两种呼吸方法缺点较多，不科学，我们不采用。

我们用的是胸腹联合呼吸法。这是一种用胸腔、横膈膜和腹部肌肉共同控制气息的呼吸方法。这种方法是科学的，符合艺术要求的，在歌唱、戏曲中普遍采用。朗诵也采用这种方法。它的主要优点是：

第一，全面地调动了呼吸器官的能动作用，胸、腹、膈肌互相配合，协同完成控制气息的任务。

第二，降膈与扩胸并举，气息容量大。

第三，控制气息的能力强。稳劲，有节制，纵控灵活，变化自如。

第四，有明显的呼吸支点，使音域扩大，声区统一。

胸腹联合呼吸法的控制要领：

1. 吸气

小腹收，横膈降，两肋开。

腹部肌肉向“丹田”（脐下三指，下腹部中心）位置收缩，形成下部的支持力量。吸气时，肺叶扩张，推动横膈膜（胸腔与腹腔分界的一层薄膜，肺的底部正好落在膈膜上）下降使胸腔底部向下伸展。吸气时，肺叶扩张，把两肋撑开，使胸腔全面扩大，特别是胸的下部明显扩大。

吸气最后一刻的感觉：一是，躯体发“胖”，橡皮球感觉。吸气后，胸、腹、腰部都鼓鼓胀胀的，这一截好像“胖”起来了。二是，大腹部略向前突。横膈膜下降，压迫内脏，由于杠杆作用，使大腹部略微向前鼓起（注意，是自然的，不是有意去鼓肚子)。三是，人体重心下降。坐着，会感到臀部对凳子面的压力增大了；站着，会感到重心脚对地面的压力增大了。吸气方法对不对，吸气能力强不强，可以用这三种感觉来检验。

吸气时应注意的问题：

第一，气吸在胸腔下部（肺底），不可过浅，也不可过深。

第二，吸气要柔和、平稳，使整个胸部自然扩张，不可用强制的力量。呼吸器官各部分不能有僵硬逼紧的感觉。

第三，用口鼻一道吸气，要尽量做到吸气无声。

第四，吸气量要适度。吸得过满，会引起发音器官紧张，失去弹性。吸入气息的多少，应根据语句的长短、力度的大小、声音的高低和情感表达的要求来决定。一般情况下，吸六七分满就可以了。

可以用闻花来体会吸气的感觉。闻花时，吸气自然、柔和而深入，符合朗诵呼吸的要求。也可以用跑步、爬楼、登山来体会。做这些活动时，呼吸急促、有力而深入，可以从中体会吸气的部位，锻炼呼吸肌肉的力量。

2. 呼气

双向运动，对抗感觉。

吸气容易呼气难。怎样把气控制住，让它能稳劲持久地往外呼，不至于一下子泄掉，这是最重要的。呼气时必须是两个力起作用。一种是向上向外的呼气的力量，这是发声的动力，称之为“推动力”。光有这种推动力，气一下子就会泄掉，不能满足发声的需要。必须找到另外一种力与推动力相互作用来控制气息，这个力称之为“保持力”。这是一种人为的、向下向后的力量，是一种慢慢往下放、徐徐向下渗的运动感觉。在发声过程中，推动力是动力，保持力是阻力，两种力量在发声中相对抗，在运动中求平衡，两种力量较量的结果就是发声中科学的气息运动。当然，推动力是主要的，它大于保持力。二者在相互作用中随着气息的消耗都逐渐地、均匀地减少，待到气息的力量不足以支持发声时，马上换一口气，又形成新的对抗。如此循环往复，构成了发声气息运动的全过程。

朗诵中气息运动的诀窍和精髓，就是寻求、稳固、强化这种双向运动中的对抗感觉。这种对抗的感觉就是“气柱”的感觉，“橡皮球”的感觉。这种气息运动状态下产生的声音，能给人以饱满、深厚、洪亮而又富于弹性变化自如的立体感觉。

怎样才能获得这种对抗的感觉呢？关键是在呼气时要继续保持吸气状态。我们知道，呼气的力量来自两个方面：一是，依靠胸腔本身的回弹和胸部肌肉的力量，逐渐把肋骨拉下，使胸腔缩小；二是，腹部肌肉有控制的收缩，压迫腹腔内器官向上，使横膈膜逐渐抬起回到原来位置。如果不保持吸气状态，就是说胸腔很快回落，横膈膜立即上抬，那么，气息就会一下子全都泄出，那就无法工作。现在，我们在呼气时，让吸气肌肉群继续工作，依然保持吸气状态——小腹“站定”，胸部继续维持扩张状态，横膈膜依然向下。这样就在体内形成了一种保持力量，好像身体内部在向外呼气的同时，还隐隐有股向下放、向下渗的运动感觉。后腰部肌肉也有一股显著的向下坠的感觉。这就与呼气的推动力量形成了对抗。这种感觉要相对稳定，时间要尽量保持长些。要比较牢固地掌握这种状态，必须加强各种发声器官尤其是呼吸器官的肌肉控制能力。可以用“憋气”来体会——吸气后不马上放出来，让推动力与保持力相等，使气息在体内保持较长时间。这种憋气的感觉是流动的、富有活力的，是相对控制和相对稳定的感觉。要轻松、自如，决不能向窒息那样脸红脖子粗，青筋毕露。

这种双向运动的对抗感觉，是气流向上向外的推动力量与人为的向下向内徐徐往下放的保持力量的相互有机、巧妙的配合，是从丹田到嘴的向上趋向运动与喉头到后腰的向下趋向运动的兼容并蓄；是气流紧中有松、松中有紧的内在运动感觉。简单说，就是从丹田到喉头的腔体中，相互吸引又相互制约的既对立又统一的两种气息力量的对抗感觉。它是人为控制的、悠着劲的、富有弹性的、不断向前滚动的气息双向运动。不是机械生硬地往下“压”，往下“砸”。它的极境是在“情”的驱动下的一种下意识的条件反射。

这里说的双向运动是一种感觉，一种对呼出气流巧妙控制的感觉，并不是在发声时气流真的向下流。我们练习的是肌肉控制的力量，找的是上下相互作用的那样一种感觉，而不是在呼气的同时还真的吸气。这一点不要误解。（请看呼吸示意图）

呼气时要注意：

第一，朗诵的呼气与日常生活中的呼气是有很大差别的，必须学会控制呼气的本领，持续地、平稳地、有节制地呼气。

第二，吸气肌肉要始终积极工作，不能“偷懒”，以免气息一下泄出。

第三，控制气息的力量要适度，也就是两种力量的大小要掌握好。“保持”的力量太大，就会把气压住，不能顺畅地呼出。“保持”力量过小，呼气便控制不住，气就会很快用光，声音发不好。要根据发声的需要，很好地调节两个力的压力差，使呼气自然、均匀、积极而富有弹性。

第四，气不可僵硬、单调，要根据声音的高低、强弱、断连、收放等具体情况，灵活地加以变化和调控，做到稳、匀、细。

3. 补气

朗诵过程中需要不断地补气。这不仅仅是生理的需要，而且是表达的需要。补气时要保持朗诵状态——也就是在气动而发声状态不动的前提下补气。补气要轻巧无声，不费力，无杂音，给人以情绪贯通、自然轻松的感觉。声道畅通，喉头打开，用口鼻

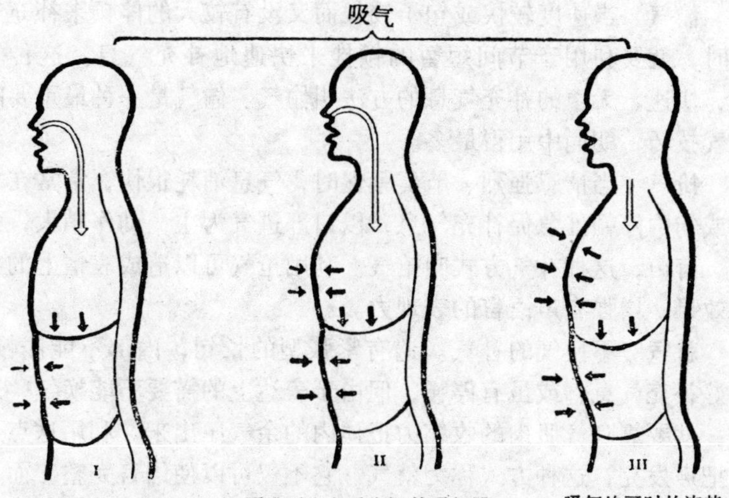

吸气开始时的姿势。　　膈膜工作之后胸部的吸气肌肉即继之工作把胸下围扩大。　　吸气终了时的姿势。

呼气发音

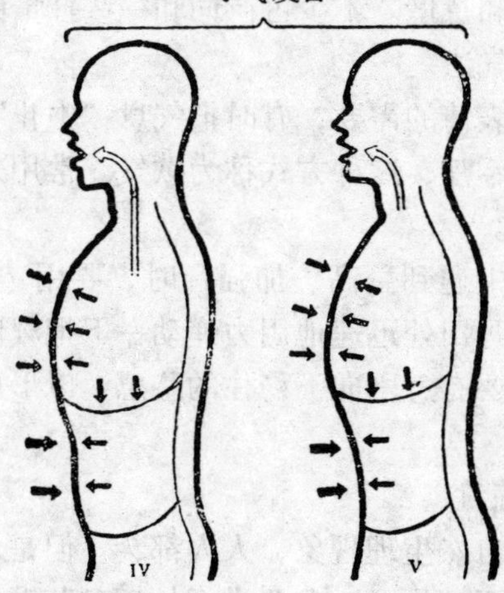

开始呼气发音时的姿势。　　发音将终了时的姿势。

同时进气。

朗诵中的补气，依情感、内容的不同而采用不同的方式。

偷气 当速度较快或句子较长而又没有较大的停顿来补充气息时，就要利用音节间短暂的顿挫来快速地补充气息。这种轻巧、快速、无声的补充气息的方法叫偷气。偷气是一种最重要的补气技巧，朗诵中用得最多。

抢气 当情感强烈、节奏紧促时，气息消耗很快，常常在句间或句内停顿处急促补充气息，以口部进气为主，动作稍大，急促、有声，这种补气方式叫抢气。利用抢气可以造成表情上的特殊效果，增强有声语言的表现力。

就气 不换气的补气。遇有紧张型的长句，内部不能停顿，不好补充气息，或虽有停顿，但由于表达上的需要不能换气，这时，就要靠呼气肌肉的收缩力把体内的余气压出来，利用这点余气把声发完，这种方式称为就气。它不仅可以使语言完整，而且可以增强感情色彩，也是朗诵中常见的补气方法。

缓气 缓吸缓呼，补气的时间很长。多用于表现深沉蕴藉、娓娓含蓄的情感和意境。不少古诗词和一些抒情的诗歌、散文的朗诵常用这种缓气法。

歇气 为了表情的需要，有时把气息“中止”、“停歇”在音节之间，不吸也不呼，这种方式称为歇气。常用来表示质问、惊奇、愤怒等情感。

提气 朗诵中遇到翻高、加强音时，要用“提气”的方法。所谓提气，就是丹田处迅速地用力弹动一下把气向上提起。提气时后腰及横膈膜要有急剧向下稳住的坠感，以形成对抗，把声音送上去。

（四）呼吸练习

呼吸是一种自然生理现象，人人都会。但是，要达到艺术语言的要求，那就不容易了，非要进行长期刻苦锻炼不可。练习时要注意三点：一是注意情感的统帅作用，坚持以情运气。二是顺其自然，在自然活动的基础上逐步扩展、提高。三是把重点放在综合运用上，在朗诵中学会用气。

练习可以从三个方面进行：练肌肉，练动作，练运用。

1．呼吸肌肉锻炼

气息控制能力与呼吸肌肉本身是否灵活有力关系极大，必须注意呼吸肌肉锻炼，重点是腹肌、胸肌、膈肌的锻炼。要多参加体育活动，如做操、跑步、游泳、单双杠、仰卧起坐等。

2．呼吸动作要领练习

——活动膈膜。轻巧、均匀、快速地呼吸。可在早晨体育活动之后进行，时间3~5分钟。

——憋气。深吸一口气，憋住不动，体会吸气最后一刻的感觉，练习吸气肌肉的保持力。

——慢吸慢呼或快吸慢呼。缓缓地深吸一口气，稍停后慢慢地呼出，平稳、均匀，有节制。可以单纯呼气，也可以发 si、yi、yu 等窄音。也可以快吸慢呼，重要的是体会呼气控制。

——发气泡音。用少量气息振动声带，发出颗粒状的滚动的声音。既练习了气息的弱控制，又活动了声带。

——弹发。大声喊操或弹发 ha、hai、hei 等断音，掌握好节奏，一口气一个音，练习偷气和对抗能力。

——音阶练习。由低向高或由高向低地反复唱发七个音阶，体会声气配合，找“声高气低”的感觉。

3．综合练习

选择不同的语言片断诗词歌曲等材料进行多种气息控制的练习（强、弱、深、浅、疾、徐、粗、细等控制和偷、抢、就等补气练习）。练习要循序渐进，由易到难。

二、声带发声

（一）声带的工作机制

气息是发声的动力，它振动发声体才能发声。人的发声体是喉头的声带。声带前后向长在喉头里边，两头分别连在喉部的软骨上。它是由肌肉组成的两片有弹性的薄膜。男性的较长较厚（长 20 ~ 22mm），女性的较短较薄（长 15 ~ 19mm）。声音的性质与声带的状况有密切关系，声带的长短厚薄松紧和声门的开闭都是可以变化的，因而可以发出各种不同的声音。

下面是声带活动示意图。

声带的振动主要是开闭的运动（当然在开闭的同时也有上下运动），一开一闭（由 B 移动到 A，再由 A 移回到 B）是振动一周的动态。声带振动发音时，每秒钟这样一开一闭振动的周数越多，发出的音越高。

声、气要协调。发声必须靠气息来支持，声气要协调。要根据发音的高、低、强、弱来控制、调节气息的压力和声带的长短、厚薄、松紧，使有节制的呼气和声带的正常振动密切配合。只有气用得好，喉头才能真正“释放”，声音洪亮，悦耳，并且具有伸缩性和色彩变化。声气配合情况是：发低音时，呼气平稳，压力最小，声带拉长，松弛，变厚，声门边缘闭合，但不紧靠，气息消耗量大，费力。发中音时，呼气压力比低音大，声带缩短，较薄，两声带紧靠，声门的阻气作用增大，耗气量最小，发音省力。发高音时，呼气压力最大，声带缩短，边缘部分变薄，张力增加，耗气量大，发音费力。

（一）喉头要放松

发声中常见的一大毛病就是喉头紧张。过分用力、压迫、挤卡，喉头负担过重，发音费力，还不好听，而且喉头容易疲劳，影响正常工作。一定要放松喉头。放松喉头是发声的一条重要原则。发声时喉头自然放松，不紧张，不挤压，使喉部肌肉能正常工作，自如地牵动声带作长短、松紧、厚薄等变化，在气息配合下发出多种高低不同的声音。喉头紧张的毛病，可以用发“啊”音来纠正。发“啊”音时应该感觉不到喉头的动作，舌要放松、

图1　为喉器左右纵切简图，示声带靠拢发音的动作

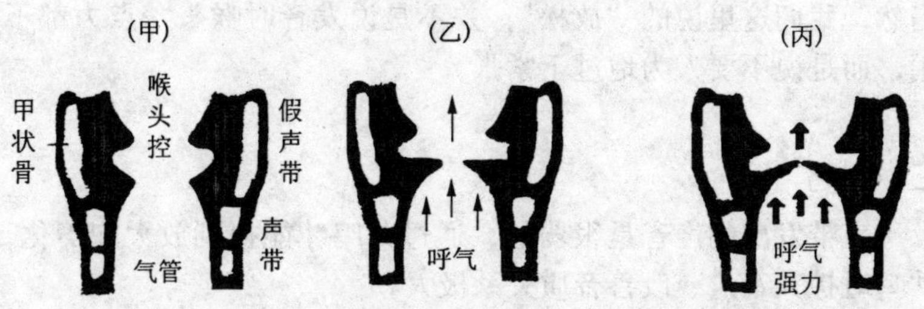

声带松开时形状如三棱角。　发声时，三棱角形的声带即被拉成膜状，往中央靠拢。　两声带靠拢挡气即振动发出声音，此刻声带受强力呼气的影响往上伸张，同时声带亦因之格外增加张力。

图2　为喉器内部两声带相靠部分纵切简图，示声带振动发低音时的动态

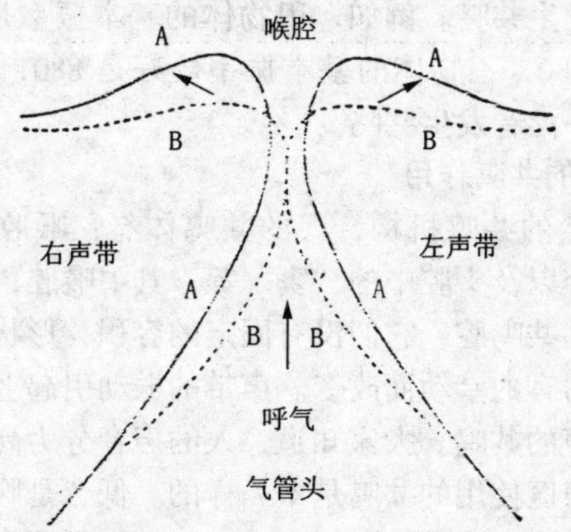

图中A（实线）是声带被呼气吹开时的位置。
B（虚线）是闭合时的位置。一开一闭（由B移动到A，再由A移回到B）是振动“一周”的动态。声带振动发音时，每秒钟这样一开一闭振动的周数越多，其发出的音越高。

放平，舌尖轻抵下齿背，舌不要后缩，不要隆起，特别是舌根不要紧张，下巴也要自然放松。发“啊”音时，要感觉很通畅，很

舒适。在“啊”的基础上发其他元音，找喉部自然放松的感觉。当然，我们这里说的“放松”，并不是说发音时喉头一点力都不用，而是说不要人为地过于紧张。

三、共鸣

声带发出的声音是很弱的，通过共鸣才能得到放大和美化，共鸣对扩大音量、改善音质关系极大。

（一）共鸣原理

一个物体振动时，影响到近旁其他物体或物体内部的空间，其他物体也同时振动，这就是共振即共鸣。共鸣的条件是两个物体具有相同的天然振动频率（即基本振率），或者是首先振动物体的泛音频率与另一物体的天然振动频率相同，那么这另一物体也能对该泛音发生共鸣。例如，甲物体的基本振率是440，其第一泛音振率为880，乙物体的基本振率恰好是880，那么它就能对甲物体的这一泛音发生共鸣。

（二）人声的共鸣作用

人体有天然的共鸣机构，人的共鸣体有：喉腔、咽腔、口腔、鼻腔、胸腔以及头腔中的“窦”等。其中喉腔、咽腔和口腔是属于可调节的共鸣腔，它们没有固定的容积，形状可以在大脑支配下受一些器官的牵动而改变。声带的振动引起上述腔体的共振，这就是人声的共鸣。大家知道，人的声音分为高、中、低三个声区，不同声区使用的共鸣是不一样的。低音是胸声区，其共鸣以胸腔为主，口腔次之，鼻腔亦次之。中音是混声区，其共鸣以口咽腔为主，头腔次之，胸腔更次之。高音属于头声区，它以鼻腔及其周围的“窦”为主要共鸣器官，口咽腔次之，胸腔更次之。

最理想的共鸣是怎样的呢？合乎理想的共鸣效果是，声音在通过共鸣腔时，步步得到共鸣的助力，到最后由口腔透出的时候，音量已显著增大，音质也大大改善。合理的调节方法是，根

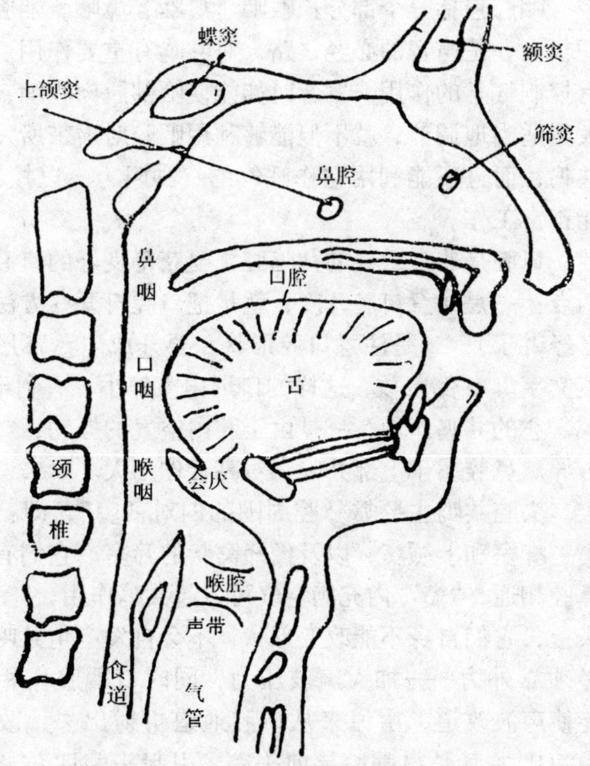

发音器官示意图

据音的高低与当时呼气强弱的情形，精密地调节各共鸣腔，配合音量与音色的需要。声音自声带发出到从口腔透出，在过程中遇到配合共鸣的地方越多，得到的共鸣的助力就越大，声音就越洪亮动听。

喉腔。喉腔是第一个共鸣腔，它的形状对整个声音质量都有影响。喉头一定要放松，不能挤压。挤压喉部，会使声音变窄，变横，卡在嗓子眼里，闷塞难听。必须放松喉部，才能产生良好的共鸣效果。

咽腔。咽腔包括三个部分：喉咽、口咽、鼻咽。咽腔管子很长，容积很大，是声音的必经之路，对共鸣有重要作用。咽部的活动还有控制气息的作用。发音时如能使咽部肌肉收缩，把咽腔的长短大小适当地调节，就不但能够利用咽腔对声带所发出的音起基音共鸣，而且还能利用它作呼气的一种阻力，以控制气息，使声带能正常工作。

口腔。口腔是非常重要的共鸣腔，要获得良好的口腔共鸣必须注意两点：一是注意口腔开度，就是把口腔打开（方法前面咬字部分已经讲了）；二是注意口腔形状，要开成“⊃”形，即把大写的英文字母 U 倒着放，这样的口形内大外小，有利于拢气。

鼻腔。它的共鸣作用，一是由于腔内空气的振动，二是由于骨骼的传导。鼻腔属于上部共鸣，对高音作用大。

头腔。头腔共鸣主要靠鼻腔周围的四对“窦”，即：较大洞状的额窦、蝶窦和上颌窦，以及像蜂窝状的筛窦。它们有各自的管道与鼻腔相通，“窦”内充满空气可以起共鸣作用。“窦”自然地长在头上，它们自身不能改变形状，不会自发产生共鸣，它们的共鸣必须靠外力——加大声波压力，同时口咽腔作相应的变形，才能使声波改道，由原来从口腔通道折射出去，改为（逼导）经由口咽尤其是鼻咽腔导向头腔，引起头腔四对“窦”共振。高音主要靠头腔共鸣。

胸腔。下部共鸣。振动感觉是沿胸骨上下移动的。胸腔共鸣可使音量扩大，声音雄浑有力。

（三）朗诵共鸣的特点

朗诵的声音一般偏重于中音，主要运用中部即混声区共鸣，以口腔和咽腔共鸣为主，上面挂一点鼻腔共鸣，下面又有胸腔的底座支撑。这样的共鸣可以使声音既清晰明朗，又柔和丰满，并具有一定的浑厚度。

朗诵不可去追求头腔共鸣，否则，声音过于明亮，尖锐刺耳，不自然，不好听。也不可为了追求“浑厚”故意把声音压得很低，过多地运用胸腔共鸣，那样容易造成浑浊、闷塞，不清晰，不明朗。朗诵的发声以基音共鸣为主，加入适量的泛音共鸣。

（四）共鸣练习

——唱发“啊”音

——唱发 ma、mai、mi、mao、mu 几个音

——朗读诗词

——唱一些适合的歌曲

练时注意不断变化音高，体会共鸣的上下移动。用比较法，比如改变口腔形状和松紧，体会对共鸣的不同影响，找到最理想的控制。

第三节　嗓音保护

人的声带可以说是世界上最名贵的发音体了，但它不像弦或簧片那样可以随时换新的，一旦受损，就会影响正常发音。朗诵要求声带始终能在正常完好的状态下工作，这就要求我们注意嗓音保护。

一、嗓音保护的根本原则是发音方法正确

这是最积极最有效的保护。要不断纠正错误的发音方法，坚持科学发声。气息控制与声带的有机配合、协调一致，对于发音质量和嗓音保护关系极大，应特别予以注意。

二、用声适度是嗓音保护的又一重要原则

所谓适度，就是要把握好声音的高低、强弱和连续用声（包

括练声）时间的长短。过高或过低、过强或过弱的发声和过长时间的连续用声，都对声带健康不利，容易使声带疲劳或受损。要根据表达需要和各人的条件，掌握好用声的“度”。一般情况下都是使用比较自如的中间音区，用虚实结合的声音，强度也不宜太大。不是特别需要，连续用声的时间也不宜太长，不能超过发音器官的承受能力。练声也应该有节制，特别是初学者，每次练习的时间不宜太长。早晨练声之前一定要先活动身体，把肌肉活动开，把声带动“醒”。练的时候要由低到高，由小到大，由弱到强，循序渐进，不可一开始就高声喊、唱。

三、良好的生活习惯是嗓音保护的第三条原则

人体素质和外界因素的影响与发声器官的健康有一定关系，应引起注意。要注意体育锻炼，尽可能多参加一些体育活动，如跑步、打球、做操、游泳等。但不可过量，不可过于剧烈。感冒是声音的大敌，一定要注意预防。睡眠不足，精神不好，影响发声，要尽可能保持足够的睡眠时间。不要熬夜，也不可恋床。要按时作息，养成习惯，形成规律。烟、酒、辣椒等刺激性强的食物对发音器官还是有一定影响的，应注意控制，不可多用。

声带疲劳了只要适当休息，就可以消除。如果发生了病变，如咽炎、声带小结等，那就要进行药物或手术治疗了。

技巧训练

一、朗读下列名单，体会对抗和偷气的感觉

要求声音平稳，节奏均匀，换气无声。

中国共产党
第十五次全国代表大会
主席团常务委员会成员名单

（共33名）

江泽民	李 鹏	乔 石	李瑞环	朱镕基	刘华清
胡锦涛	丁关根	田纪云	李岚清	李铁映	杨白冰
吴邦国	邹家华	姜春云	钱其琛	黄 菊	尉健行
谢 飞	温家宝	王汉斌	杨尚昆	万 里	宋 平
薄一波	宋任穷	张 震	张万年	迟浩田	任建新
叶选平	吴学谦	侯宗宾			

二、朗读下面两段话，体会就气和偷气的感觉

锦州市劳保小学三年级学生赵宇发明了“双色演示算盘”，成为全国年龄最小的“1992年度茅以升青少年科技奖”获奖者。

双色演示算盘荣获“茅以升青少年科技奖”和“第六届全国青少年发明创造比赛和科学讨论会一等奖”，并向国家申请了专利。

全国体育工作会议表彰颁奖会今天在京举行。刘琦等七位同志和徐寅生、刘吉等26位同志分别被授予“体育工作荣誉奖章”，杨扬等94名运动员、辛庆山等69名教练员被授予体育运动荣誉奖章，吉林省体育局等10个在2001年为我国体育事业作出突出贡献的单位同时得到表彰。

三、朗诵下面两首词，着重练习气息的稳劲控制和共鸣

念奴娇

昆　仑

1935 年 10 月

毛泽东

横空出世，莽昆仑，阅尽人间春色。飞起玉龙三百万，搅得周天寒彻。夏日消溶，江河横溢，人或为鱼鳖。千秋功罪，谁人曾与评说？　　而今我谓昆仑：不要这高，不要这多雪。安得倚天抽宝剑，把汝裁为三截？一截遗欧，一截赠美，一截还东国。太平世界，环球同此凉热。

永　遇　乐

京口北固亭怀古

辛弃疾

千古江山，英雄无觅，孙仲谋处。舞榭歌台，风流总被、雨打风吹去。斜阳草树，寻常巷陌，人道寄奴曾住。想当年、金戈铁马，气吞万里如虎。　　元嘉草草，封狼居胥，赢得仓皇北顾。四十三年，望中犹记，烽火扬州路。可堪回首，佛狸祠下，一片神鸦社鼓！凭谁问：廉颇老矣，尚能饭否？

向困难进军（片断）

郭小川

然而我要告诉你们
　　凭着我所体味的生活的真理：
困难
　　这是一种愚蠢而又怯懦的东西。
　　它惯于对着惊恐的眼睛
　　　　　　卖弄它的威力，
而只要听见刚健的脚步声
　　　　就像老鼠似的
　　　　　　悄悄向后缩去，
它从来不能战胜
　　　人民的英雄的意志。
我要号召你们
　　凭着一个普通的战士的名义
以百倍的
　　　　　勇气和毅力
　　　　　　向困难进军！
不仅用言词
　　　　　而且用行动
　　　　说明你们是真正的公民！
让我们的祖国
　　　　困难减一分
　　　　　　幸福就要长几寸，
困难的背后
　　　伟大的社会主义世界

正向我们飞奔！

黄山松

张万舒

好！黄山松，我大声为你叫好，
谁有你挺得硬，扎得稳，站得高；
九万里雷霆，八千里风暴，
劈不歪，砍不动，轰不倒！

要站就站上云头，
七十二峰你峰峰皆到；
要飞就飞上九霄，
把美妙的天堂看个饱！

不怕山谷里阴风的夹袭，
你双臂一抖，抗得准，击得巧！
更不畏高山雪岭寒彻骨，
你折断了霜剑，扭弯了冰刀！

谁有你的根底艰难贫苦啊，
你从那紫色的岩上挺起了腰；
即使是裸露着的根须，
也把山岩紧紧地拥抱！

你的雄姿像千古高峰不动摇，
每一根针叶都闪烁着骄傲；

那背阳的阴处，你横眉怒扫，
向着阳光，你迸出劲枝万千条！

啊！黄山松，我热烈地赞美你，
我要学你艰苦奋战，不屈不挠；
看！在这碧紫透红的群峰之上，
你像昂扬的战旗在呼啦啦地飘。

血　字

殷　夫

血液写成的大字，
斜斜地躺在南京路，
这个难忘的日子——
润饰着一年一度……

血液写成的大字，
刻画着千万声的高呼，
这个难忘的日子——
几万个心灵暴怒……

血液写成的大字，
记录着冲突的经过，
这个难忘的日子——
狞笑着几多叛徒……

“五卅”哟！

立起来，在南京路走！
把你血的光芒射到天的尽头，
把你刚强的姿态投映到黄浦江口，
把你的洪钟般的预言震动宇宙！

今日他们的天堂，
他日他们的地狱，
今日我们的血液写成字，
异日他们的泪水可入浴。

我是一个叛乱的开始，
我也是历史的长子，
我是海燕，
我是时代的尖刺。

四年的血液润饰够了，
两个血字不该再放光辉，
千万的心音够坚决了，
这个日子应该即刻销毁！

第四章　朗诵要把握作品

朗诵过程是由内化到外化的过程，就是说，朗诵创作过程中包含两个阶段——内化阶段和外化阶段。内化，是指把握作品，即深刻领会和体验作者通过作品所表达出来的思想感情，并把它转化为自己的思想感情。也就是说，把作者说的话变成自己要说的话。外化，是指表达作品，即运用有声语言（并伴随态势语言）把作品的思想感情传达给受众。

“言为心声”，言语是思想感情的直接体现。说自己的心里话，一般是能够说得比较好的。而朗诵的作品往往不是自己的，这就首先要把作品变成自己的，这个变的过程太重要了。内化是外化的基础，没有内化，就谈不上外化。形式与内容的关系是辩证统一关系，内容决定形式，形式表现内容。列宁说：“形式是具有内容的形式，是活生生的、实在的内容的形式，是和内容不可分离的联系着的形式。”朗诵的声音形式是由朗诵的内容决定的，是为表达内容服务的。离开了内容，声音就失去了依托，就失去了存在的价值。朗诵不能不要技巧，但先决条件是把握内容。

内化包括以下几个方面：一是理解，二是感受，三是动情。朗诵过程中，有多种心理活动，既有理性的，又有感性的；既是有思维的，又是有情感的。整个心理过程是一个理解与感受、认识与情感统一的过程。

第一节　进入作品，加深理解

理解，就是通过一系列的分析、综合活动，达到对作品的了解、领会，掌握它的思想内容和精神实质。

理解是朗诵创作中最重要的活动，是整个创作活动的基础。没有正确而深刻的理解，就谈不上朗诵。拿过作品之后，不要急着读，首先要认真地看，反复地想，对作品进行深入细致的分析研究，把作品“吃下去”并“消化之”，达到真正的了解和领会。这步工作是十分重要的，必须认真做好，绝对不可马虎。

一、抓住五个要素

理解作品要抓住五个要素：(1) 内容；(2) 背景；(3) 对象；(4) 目的；(5) 方法。

(一) 弄清内容

一篇作品到底写了些什么——什么人，什么事，什么理，什么景，什么情，首先要弄清楚。在弄清内容的基础上概括主题，把握作品的中心思想，还要注意分清主次，抓住重点。例如，《种子》这篇作品是一篇叙事散文，人物是班主任老师（我）、小女孩和她的同学们，主要人物是小女孩。说的是同学们完成课外作业，向班主任老师交种子的事。多数同学交的种子质量不好，老师有点不高兴。有一位女同学交的种子质量非常好，老师深受感动。通过这件事揭示了这样的主题：一个人不论做什么事，都不能马马虎虎、草率应付，而应该认认真真、讲究质量。本文的重点语句有：“我有点不高兴”；“走上来一个小女孩”；“她从兜里掏出一个小葫芦，又从兜里掏出一张纸，在桌上展平，然后凝望着那小葫芦的嘴儿，小心翼翼地往外抖”；“那种子一般大小，有如饱满的黑豆，每一颗都闪着乌亮的光泽”；“挑了又挑，选了又选”；“就这么一点儿”。重点段落是第七、八两个自然段。

一般现当代的白话文作品，弄清内容并不太难，古诗文就不那么容易了，一定要多花点工夫。特别是古诗文中典故较多，如果不搞清楚，势必影响对内容的理解。例如，李白《行路难》诗中“闲来垂钓碧溪上，忽复乘舟梦日边”这两句，就是两个典故。诗人在心境茫然之中，忽然想到两位开始在政治上并不顺利，而最后终于大有作为的人物：一位是吕尚，九十高龄垂钓磻溪，得遇文王；一位是伊尹，在受汤聘前曾梦见自己乘舟绕日月而过。想到这两位历史人物的经历，又给诗人增加了信心。不了解这两个典故，就很难真正理解这首诗。另外，有些外表相同的词，在古汉语中与现代汉语中实际上也是不同的。例如，“可以”，在现代汉语中是一个双音节词，表示能够、许可、不错等意思。而在古汉语中却是两个单音节词，如“可以一战”（可以凭这一点去打仗）（《曹刿论战》）。再如“亡”，今义是“死”，古义是“逃亡”，如“今亡亦死”，“广故数言欲亡”（《陈涉世家》）。

为了加深对作品内容的理解，我们可以给自己提出一些问题来思考。例如《种子》，老师为什么开始不作声而最后却上台讲话了呢？陆游的《咏梅》与毛泽东的《咏梅》有什么不同呢？

（二）了解背景

背景属于语境问题，它告诉我们作品是在什么情况下写的。了解背景对理解作品有重要意义，不可忽视。例如杜甫诗的风格是沉郁顿挫的，然而他的《绝句》“两个黄鹂鸣翠柳，一行白鹭上青天。窗含西岭千秋雪，门泊东吴万里船”却是清新欢畅的。这是为什么呢？查查写作背景就明白了。原来，这首小诗写于安史之乱以后，饱尝战乱之苦的诗人，回到成都草堂，此时他的心情特别好，面对生气勃勃的景象，情不自禁，兴到笔随，写下了这首即景小诗。了解背景，不仅是具体的写作背景，还应该了解作者其人，这样才能对作品把握得更深刻、更全面。

（三）把握对象

就是说要把握作品的读者群。例如，《种子》主要面对中小学生，《再别康桥》、《雨巷》更适合于大学生和广大青年。把握对象可以增强与听者的交流感，产生情感上的共鸣，使朗诵收到更好的效果。对象的把握不仅在拿到作品之后，更重要的是在拿到作品之前。你去参加朗诵活动，必须事先了解清楚主要是什么人听你的朗诵，根据对象特点确定朗诵材料，就是说要从对象出发来选材，决不能单凭自己的爱好，不管对谁都朗诵同样的作品。

（四）明确目的

所谓日的性，是指作品所要实现的社会意义和作用。目的性对于朗诵是十分重要的。目的明确不仅可以使表达更准确、更鲜明，而且可以增强表达愿望和情感，收到更好的效果。例如朗诵舒婷的《致橡树》，目的是要告诫年轻的朋友们，在爱情上，要坚持独立自主，不可以依附于人；要患难与共，忠贞不渝，不可贪图享受，轻易分离；要以对祖国、对人民、对事业的热爱和忠诚为牢固基础，不要表面的、自私的、狭隘的爱情。不仅要明确整个作品的目的性，而且要明确各个局部、各个语句的具体的言语目的。例如“今天是星期天”这样一个简单句子，目的是什么？是告知，是怀疑，是提醒，是埋怨？目的不明，就无法表达。

（五）注意方法

方法是指作品的表现形式，包括布局谋篇、运用表达方式和运用语言的技巧。

——分析结构，划分层次。结构是思路的具体展现，只有分析结构，才能把握作者的思路；只有理清作者的思路，才能真正理解作者的意图。要搞清楚作品内部段与段之间、句与句之间的层次关系，即先写什么，后写什么，如何开头结尾，怎样过渡照应等。层次有大小，篇有层次，段有层次，句也有层次。要由大到小，由粗到细依次划分。例如《种子》这篇作品以“我”的情感变化为主线贯串全文，首尾呼应，浑然一体。全篇可以划分为三个大层次。一、二两个自然段为第一层，意思是，同学们交上来的种子质量不好，老师有点不高兴。二至十自然段为第二层，意思是，有一位小女孩交上来的种子质量非常好，老师很高兴，很感动。最后一个自然段为第三层，意思是，老师被小女孩的精神所感动，在班上发表讲话。大层还可以划分。例如第二层又可划为两个小层，先写小女孩交种子的过程和情形（三至七自然段），后写老师和同学们的反应。一个自然段内部也可以分层。例如第七自然段以省略号为界分为两层，前面写小女孩倒种子的情形，后面写老师对种子的评价。当然，句子也是有层次的。任何一个语言的结构体都是分层组合的，层次性是其显著特点。一定要重视结构层次的分析，这对于朗诵语言表达是至关重要的。为了醒目和加深印象，可以把段落大意注在旁边，如屠格涅夫的《麻雀》的段落大意可注为“遇险”、“救护”、“胜利”、“感悟”。

——研究方法，抓住特点。在表达方式上，看看用的是记叙、描写、说明、议论、抒情中的哪一种，或是兼而有之。在表现方法上，看看是象征，是对比，还是衬托？是托物言志，还是借景抒情？例如，臧克家的《有的人》的突出特点就是议论和对比。

——品味语言，把握基调。优秀作品是很讲究语言的运用的，讲究炼字，讲究修辞，准确简练，形象生动，响亮和谐，富于音乐美。而且不同作家具有不同的风格，如杜甫的沉郁顿挫，王维的恬淡优美，贺敬之的热烈奔放，杨朔的质朴自然…… 在语言上各具特色。要很好地品味作品的语言美，注意它的特色，在此基础上把握住作品的基调。所谓基调，就是由作品总的情感所决定的语言的基本特色。有庄重严肃的，有轻松活泼的；有深沉凝重的，有清新明快的；有激越澎湃的，有平静徐缓的；有雄浑豪放的，有秀丽婉约的……《种子》这篇作品的基调应是亲切自然、平静徐缓的。《有的人》的基调则应是爱憎分明、庄重严肃的。

二、注意提高理解能力

理解能力主要表现为分析与综合的思维能力。

分析——把事物或现象分解成各个组成部分或个别属性的思维过程。包括两种具体的分析方式：一是分解成各个组成部分，二是分解成个别属性。划分层次属于第一种方式，找出重点、认识语言特色和表现手法等属于第二种方式。

综合——把事物或现象的各个组成部分或个别属性联合成一个整体的思维过程。综合也有两种具体方式：一是把各个组成部分综合为一个整体，二是把个别属性综合为一个整体。把一篇作品的各个局部组织起来形成对作品的整体认识，属于第一种综合方式。综合作品的语言特色、修辞手法等从而得到对作品整体风格的认识，属于第二种综合方式。

分析是对事物的一种透视，综合是对事物的一种概括。分析与综合彼此相反相成，互相联系，辩证统一。理解作品的过程，实际上是一个综合—分析—综合的过程。第一个综合是最初的整体，就是对作品有了一个初步的总体认识，在这个总体认识的指导下进行分析，就能更好地认识作品的各个局部（段、句、词），概括对局部的认识得到的第二个综合就是一个比第一个综合更深入、更充分的整体了。理解作品必须注意整体性，注意对整个作品精神实质的把握。对局部的分析绝不能脱离整体，只有在整体的指导下才能更好地认识局部。

分析综合能力运用于理解作品，可以具体表述为三种能力，即：认知选要能力、简缩概括能力、评析鉴赏能力。

认知选要能力。认知，就是正确了解词语的含义和作品的思想内容，知道说的是什么。选要，就是能够很快地判断和选择出重点语句、段落和全篇的内容提要。

简缩概括能力。简缩概括，就是对作品中的信息进行提炼、净化，并用简括的语言反映出来。一种是浅层的，即对内容要点的概括，如长句、句群、段落、篇章等内容的简括。另一种是深层的，即透过文字表面找出内在的含义和联系，如提炼主题，明确目的，理清逻辑关系等，都属于这一种。这种简括能力对理解作品是十分重要的。

评析鉴赏能力。评析鉴赏能力，就是对作品内容和形式诸方面的高低优劣作出分析评价的能力。这是在前两种能力基础上的更高层次的理解作品的能力。前两种侧重解决说了些什么，这一种则侧重解决怎样说和为什么这样说的问题。这种能力对朗诵创作来说是十分重要的。因为，只有当我们真正认识了作品的社会价值和审美价值之后，才算真正把握了作品，才能产生强烈的创作冲动，才能收到好的朗诵效果。

理解能力的提高不是一朝一夕的事情，需要长期的努力。首先，要注意学习积累，扩充知识储备。除了多看书之外，还要多深入生活，多观察体验。其次，也要掌握一些作品分析的方法和技巧，知道从何入手，抓一些什么问题，如何提炼概括等。第三，多多实践。多做一些作品分析练习，并在练习中善于开动脑筋，日积月累，功效自见。

附：

种　子

我有点不高兴。讲桌上堆放的羊槐树籽有浅黄的，甚至还有豆绿色的。籽粒里搀杂着荚皮和角柄。不过还好，每个人交的树种都挺多。我扫视全班同学一眼，想说点什么，可是没有说。

我刚被分配到这所学校，担任这个班的班主任。新来乍到，我不便说什么。

这时，走上来一个小女孩，穿一身素雅的秋装，显得落落大方而又略带羞涩。她走到我跟前，冲我抿嘴一笑，低下头，把手伸进裤兜里。

“怎么，没采到?”我问。

“不，可是没有他们那么多。”她的脸刷地红了，撩起眼皮看了我一眼，惭愧地站在那儿。

“那，你采的呢?”我又问。

她从兜里掏出一个小葫芦，又从兜里掏出一张纸，在桌上展平，然后凝望着那小葫芦的嘴儿，小心翼翼地往外抖。一颗，两颗，三颗……我看着她倒出来的树种，不由得心里一动。那种子一般大小，有如饱满的黑豆，每一颗都闪着乌亮的光泽。

我想她一定是用那双小手挑了又挑，选了又选，树种才能如此一般大小，闪闪发光！我被一颗虔诚的童心感染了，心里充满温暖。望着她那俊秀的脸颊，专注的样子，我仿佛看见在茫茫的山川原野上，一颗颗洋槐树正在成长，为辽阔的大地撑起一柄柄绿色的大伞。

“就这么一点儿。”她摇晃一下小葫芦，抬起头来，目光正好和我凝注的眼神相遇。我笑着点点头。她害羞地一笑，轻轻掠了一下乌黑的短发，拿着小葫芦回到自己的座位上。

我扫视一下全班同学，发现几十双眼睛都在注视着那白纸上不多的槐树籽。我小心翼翼地把这些槐树籽包起来，惟恐丢失一颗。

我站在讲台上，开始了教师生涯的第一次讲话。

（选自小学《语文》第七册）

第二节　展开想象，获得感受

一、感受的重要意义

感受，就是“接触外界事物得到的影响、体会”。（《现代汉语词典》）我们这里所说的感受是指朗诵者接受作品文字符号的刺激所引起的对客观事物的形象反映。

作品都是反映生活的，但朗诵者面对的却不是生活本身，而是一串串的文字符号。语言文字本身是没有形象性的，语言符号的声音与线条与它们所代表的事物本身的形象是没有必然的联系的。例如“钢笔”一词的读音与线条，与钢笔本身的长、圆、尖、硬等形象是没有任何联系的，在不同的语言中可以用完全不同的读音与线条来指代。为什么我们在听到或看到“钢笔”一词时，脑子里会有关于钢笔的形象反映呢？原来，语言本身虽然没有形象性，却能引起形象感。朗诵不是念字出声，而是要再现生活，必须在理解的基础上来感受。透过文字表面，感受作品所反映的社会生活的形象。只有这样，才能使朗诵生动感人，否则，就会是呆板的、干巴巴的。

朗诵的创作过程，不是简单的由文字到声音的过程，而是文字—生活—声音的过程。朗诵者必须被文字符号唤醒，透过文字感受生活，让作品中的人、事、景、物在脑子里成为活生生的东西，有如历其事、如临其境、如见其人、如闻其声的感觉。通俗地说，就是脑子里边要过电影。例如“鸟语花香”的描述会引起什么样的感受呢？视觉感受："看"到了青草、绿树、红花、翠鸟，"看"到了蝴蝶、蜜蜂，"看"到了在花间嬉戏的美丽的小姑娘……听觉感受："听"到了鸟儿的歌唱、蜂的轰鸣、水的潺潺声……嗅觉感受："闻"到了花香，"闻"到了春天大自然的美好气息……肤觉感受：明媚和煦的阳光照得身上暖融融的。我们好像置身于大自然中，感受着春天的美丽，春天的温暖，春天的快乐。

二、朗诵感受的实质

朗诵者面对的不是生活，而是文字，怎样才能让脑子里出现形象呢？靠想象。所谓想象，就是人脑对已有的表象进行加工、改造而创造出新形象的心理过程。想象主要有两种形式：一种是创造想象，一种是再造想象。所谓创造想象，就是独立地在头脑中形成新事物形象的心理过程。它的特点是没有什么现成的东西可以作依据，惟一的就是经验（生活积累）。创造想象的一种特殊形式是幻想，它可以说是创造想象的翅膀。所谓再造想象，就是在给定的条件的基础上来进行想象。它的特点是受条件制约，必须依据一定的条件来想象，不能离开条件漫无边际地去想象。作品对作者来说是创造想象的产物，而对朗诵者来说则是想象的依据，朗诵者必须依据作品提供的材料来进行想象。因此，我们说朗诵感受的实质是再造想象。再造想象是对作品的还原，对生活的回归。脑子里光有文字符号，光有对这些符号的理解，而没有客观事物的形象，是绝对朗诵不好的。有的作品描绘得很具体，很细致，再造想象较为容易。有的作品写得不那么细，但不等于不形象，它给了我们更大的想象空间，需要我们在理解的基础上花更多的脑筋去想象。例如李白的《黄鹤楼送孟浩然之广陵》："故人西辞黄鹤楼，烟花三月下扬州。孤帆远影碧空尽，惟见长江天际流。"诗中没有一句对人的具体描写，可这首诗的主体形象恰恰是人——作者李白把朋友送上船，站在江边，目送远去的风帆，一直看到帆影逐渐模糊，消失在碧空的尽头。帆影已经看不见了，他还在翘首凝望，一江春水，浩浩荡荡，流向远远的水天交接之处。诗人的身影，诗人的目光，诗人的神态，都清晰地浮现在我们的脑海中。这就是我们根据这首诗的主旨和意境想象出来的。

三、提高感受能力

再造想象必须具备两个条件：一是对作品的理解，二是足够的表象储备。朗诵感受以理解为前提，在理解基础上的感受才能更鲜明，更具体，更具有明确的目的性。任何想象都不是凭空的，都要以经验为基础。脑子是空的，没有一点“库存”，怎么想得出来？一个从来没有到过工厂的人，是想象不出车床是什么样子的。一个从来没有到过农村的人，是很难真切感受丰收的欢乐景象的。原因是没有生活，没有经验。所以，要提高感受能力，除了加强学习、增长知识以外，更重要的是多多深入生活，参加社会实践，丰富记忆表象。要留心各种事物，有意识地多记一些东西，要注意观察，善于比较、了解、熟悉多种人和事。心里装的东西多了，想象力才能丰富。

第三节　深入体验，调动情感

一、情感的调动

“创作总根于爱”（鲁迅），任何作品，尤其是诗，都离不开情。在分析作品的时候，不仅要注意理解、感受，而且还要注意情感体验。“感人心者，莫先乎情。”（白居易）情是灵魂，是统帅，情动于中而形于声，朗诵的声音（有声语言）是以情感为依托的，是为表达情感服务的。离开了情感，声音就失去了依托，失去了灵魂，那就谈不上朗诵了。所以，朗诵必须有感情。

怎样才能把感情调动起来呢？情感是人对客观现实的一种特殊的心理反应，是人对客观事物是否符合其需要所产生的态度的体验。从根本上说，情感源于认识，而认识离不开理解，通过理解才能获得正确而深刻的认识，理解是情感的基础。对作品中的人和客观事物的不同认识，就会形成不同的态度，产生不同的情感体验。所以，调动情感首先还是要在理解上花工夫。再者，事物的感性形式是激发情感的原因，在感知基础上进行的想象活动中，情感活动更加深沉，更加强烈。因此我们不但要感知作品中景物形象的描绘，还要用身心去感受浸泡着这些景与物的作者的情感。通过再造想象获得形象感受，正是调动情感的重要方法。人们常说的“睹物生情”、“触景生情”就是这个道理。当我们在大年之夜看到“坐在墙角里，两腮通红，嘴上带着微笑”已经被冻死的卖火柴的小女孩的形象时，我们能不同情，能不难过吗？当我们走进春天的原野，沐浴着和煦的春风，望着绿色的草地上，人们坐着、躺着，打滚、踢球、赛跑，捉迷藏、放风筝这样热闹景象的时候，我们能不心情舒畅、情趣盎然吗？

理解—感受—动情，这是朗诵者思想感情所能产生的必由之路。

二、朗诵的情感表现

（一）朗诵情感表现的特点

朗诵的情感表现，不是自我宣泄，而是一种有着明确目的的交流性的表现。朗诵情感是由作品引发、受作品制约的情感，也包括对受众的情感（热爱、关心、同情等）。朗诵情感表现的目的是为了与受众交流，使之受到感染，产生共鸣。

（二）朗诵情感表现的基本要求

朗诵情感表现应具备“五性”：真实性、鲜明性、丰富性、整体性、含蓄性。

1. 真实性

情感要真实、质朴，不虚假，不造作。要真正为内容所打动，缘情造声，而不是以声造情。一声叹息，一个微笑，都必须是发自内心的，不能有半点虚假。

2. 鲜明性

是非爱憎分明，不能模棱两可、含糊不清，更不能黑白颠倒，是非爱憎混淆。

3. 丰富性

人的情感是丰富多彩的，也是多层次多方面的。即使在一篇作品中，作者表达的情感也不是那么单一的。朗诵的时候一定要把情感的丰富性体现出来。要有变化，有层次感。例如，刘禹锡的《酬乐天扬州初逢席上见赠》：

巴山楚水凄凉地，二十三年弃置身。
怀旧空吟闻笛赋，到乡翻似烂柯人。
沉舟侧畔千帆过，病树前头万木春。
今日听君歌一曲，暂凭杯酒长精神。

这首诗的前两联感叹自己的不幸命运，怅惘凄凉，沉郁低回。第三联陡然一转，情感变得昂扬、振奋，表现出豁达的襟怀。尾联顺势而下，表示要振作起来，重新投入到生活中去，表现出坚忍不拔的意志。诗情起伏跌宕，沉郁中见豪放。朗诵时一定要体现出这种变化来。

4. 整体性

整体性包含两层意思：一是，丰富性中注意主导性。一篇作品中总的感情色彩是什么，要牢牢把握住。既有丰富性，又不失主导性，二者统一。二是，抒情不是孤立的，而是与叙事、写景、状物、论理等紧密结合，融抒情于叙述、描写、议论之中，形成完整和谐的统一体。

5. 含蓄性

“直”、“露”是生活的表现，含蓄、有节制是艺术的表现。朗诵的情感表现要讲点含蓄、节制，不能太直白，太裸露。要留有余地，不可太满。比如“泣不成声”怎么表现？你心里十分悲痛，但朗诵时不能真的像生活中那样出不来声，否则你就无法完成任务、实现目的。

三、情感的培养

要使朗诵有感情，朗诵者必须是一个有良好情感品质的人。要使自己的情感具有原则性、深刻性、稳定性、广阔性和可控性等良好品质。

良好的情感品质从哪里来？毛泽东同志说：“世上决没有无缘无故的爱，也没有无缘无故的恨。”这“缘故”是什么呢？是认识。认识是产生情感的基础，“知之深”才能“爱之切”。认识从哪里来？从实践中来。实践是认识的本源。要多深入实际、深入生活，在实践中增长见识、陶冶情操。当然还要注意向书本学习，间接地认识世界。深入生活，加强学习，这是培养情感的两条根本途径。

技巧训练

一、以《听颖师弹琴》为例，体会一下“内化”的意义和方法。

听颖师弹琴

韩　愈

昵昵儿女语，
恩怨相尔汝。
划然变轩昂，
勇士赴敌场。
浮云柳絮无根蒂，
天地阔远随飞扬。
喧啾百鸟群；
忽见孤凤凰。
跻攀分寸不可上，
失势一落千丈强！

嗟余有两耳，
未省听丝篁。
自闻颖师弹，
起坐在一旁。
推手遽止之，
湿衣泪滂滂。
颖乎尔诚能！
无以冰炭置我肠！

二、分析下列作品，写出内容提要，概括主题思想，划分层次结构，标明重点段落和重点语句，并回答问题。

秋 韵

宗 璞

满路车辆与行人，如同电影散场，或要举行大规模代表会。只好改道万安山，去寻秋意。山麓有一片黄栌，不甚茂密。法海寺废墟前石阶两旁，有两片暗红，也很寥落。废墟上有顺治年间的残碑，镌有不得砍伐，不得放牧的字样。乱草丛中，断石横卧，枯树枝头露出灰蓝的天和不甚明亮的太阳。这似乎很有秋天的萧索气象了。然而，这不是我要寻找的秋的韵致。

有人说，该到圆明园去了，西洋楼西北的一片树林，这时大概正染着红、黄两种富丽的颜色。可对我来说，不断地寻秋是太奢侈了，不能支出这时间，且待来年罢。家人说：来年人更多，你骑车的本领更差，也还是无由寻到的。那就待来生罢，我说，大家一笑。

其实，我是注意今世的。清晨照例的散步，便是为了寻健康，没有什么浪漫色彩。这一天，秋已深了，披着斜风细雨，照例走到临湖轩下小湖旁，忽然觉得景色这般奇妙，似乎我从未到过这里。

小湖南面有一座小山，山与湖之间是一排高大的银杏树。几天不见，竟变成一座黄金屏障，遮住了山，映进了水。扇形叶子落了一地，铺满了绕湖的小径。似乎这黄金屏障向四周渗透，无限地扩大了。寻路走去，湖东侧一片鲜红跳进眼帘。这样耀眼的红叶！不是黄栌，黄栌的红较暗；不是枫树，枫叶的红较深。这红叶着了雨，远看鲜亮极了，近看时是对称的长形叶子，地下也有不少，成了薄薄一层红毡。在小片鲜红和高大的金屏障之间，还有深浅不同的绿，深浅不同的褐棕等丰富的颜色环抱着澄明的秋水。冷冷的几滴秋雨，更给整个景色添了几分朦胧，似乎除了眼前一切，还有别的蕴藏。

这是我要寻的秋的韵致吗？秋天是有成绩的人生，绚烂多彩而肃穆庄严，似朦胧而实清明，充满了大彻大悟的味道。

秋去冬来之时，从外地收到一份讣告，是父亲的一位哲学友人故去了。讣告上除生卒年月外，只有一首遗诗。译出来是这等模样：

不要推却友爱
不要延迟欢乐
现在不悟
便永迷惑
在这里
一切都有了着落

我要寻找的秋韵，原来便在现在，在这里，在心头。

回答问题：

1. 作者所要寻找的秋的韵致是指什么？

2. 联系全文思考，作者写“其实，我是注意今世的”，他要注意今世的什么？

3. “似乎除了眼前的一切，还有别的蕴藏”说的意思是什么？

4. 作者是通过哪些物象来描绘小湖周围的景色的？你得到了怎样的形象感受？

第五章　朗诵语言技巧

朗诵是一种再创作，不是创作内容，而是创作形式，依据作品内容创作一种合适的有声语言形式，通过这种声音形式来传达作品内容。对朗诵者来说，是从内容到形式，内容决定形式。对听众来说，是从形式到内容，形式决定内容。听众是根据对朗诵者的声音形式的感受来把握内容，引发情感的。朗诵声音形式的正误优劣对听者来说关系极大，直接影响着听众对内容的把握，影响着朗诵的效果。

我们说内容决定形式，是不是说，有了内容形式就会自然而然地出来呢？不是的。内容是形式产生的基础和依据，它决定了应该用什么形式，是不是能真正产生这种形式，还得借助于一定的方法和手段，这就是语言技巧。技巧是内容与形式的交融点。怎样的内容决定怎样的形式，而通过技巧形成的一定的形式，反过来又体现着一定的内容。语言技巧对思想感情的表达作用是很大的，我们在强调思想内容的决定作用的时候也不可忽视技巧的反作用，也要重视语言表达技巧的学习和锻炼。

有声语言表达技巧，就是运用声音的技巧，就是对声音的各个要素——音高、音强、音长、音色巧妙地进行组合的技巧。这种组合表现为四种形式：停顿、重音、语气、节奏。下面分别介绍。

第一节 停 顿

一、停顿的意义

停顿，就是在有声语言表达过程中声音上暂时的间歇、休止和中断。有句子内部词语之间的，有句与句之间的，还有段落层次之间的。

停顿是由两个方面决定的:一是生理方面的需要,利用停顿补充气息,以便继续读下去;二是心理方面的需要,利用停顿准确、鲜明、充分地表达思想感情。后者当然是主要的,前者要服从后者。

停顿是有声语言表达技巧的一个基本要素，在表达上有着十分重要的作用。

(一) 利用停顿进行划分、组合，使表达层次分明、结构完整，脉络清晰、连贯流畅。

(二) 利用停顿表示强调，抒发感情，使表达语意鲜明，情感强烈，富于表现力和感染力。

(三) 利用停顿显示节奏，使表达疏密有致，整散结合，富于节奏感。

(四) 利用停顿造成悬念，调动听者的思维，增强朗诵效果。

总之,停顿是积极的。声音的暂时休止、中断,决不等于思想感情的空白,恰恰相反,停顿的地方,是思想感情运动状态的延续和变化。停顿也是语言的组成部分,沉默是并不省力的表达。停顿的一瞬间,可以使听者期待、猜测、联想、回味,使他们更加投入,和你交流,和你共鸣。停顿可以产生此时无声胜有声的艺术效果。

二、停顿的位置和时间

在哪停，停多久，完全取决于表情达意的需要，没有现成的公式可套。为了说得具体一点，我们从结构、逻辑、心理三个方面进行分析。

（一）结构停顿

按照篇章和句子结构所做的停顿叫结构停顿。

结构属于形式因素，形式是反映内容的，正确地表现结构，就可以正确地表现意义。

作品是按层次写的，篇有大层次，段有小层次，句子本身也是个结构体，也有层次。这些大小不同的层次，在表达中主要是靠长短不等的停顿来区分的。把语言的结构层次表达清楚，是停顿的一个主要作用。根据层次间的疏密关系恰当地掌握停顿时间，使表达结构完整，层次分明，条理清晰，意义明白。

关于篇章结构这里就不说了，下面着重说说句子结构和停顿的关系。

句子是表达思想感情的基本单位。语言是线性的，话要一句一句地说，处理好句子是语言表达的一项重要内容，是朗诵者的重要的语言基本功。处理好句子要靠多种手段的综合运用，而停顿是一种最基本、最重要的手段。

句子是个结构体，由彼此有一定关系的内部成分组成，成分本身可能又是个结构体。句子内部结构是分层组合的，层次性是语言的本质之一。处理好句子的结构层次和结构关系，对表达来说十分重要。

处理好句子的结构层次，以对句子的真正理解为前提。美国心理语言学家乔姆斯基认为，语言存在深层结构与表层结构的区别与联系问题。深层结构是指认识的内容，表层结构是对认识内容的表述。朗诵者是表层—深层—表层，听者是表层—深层。朗诵的表层形式如何，对听者对内容的理解影响极大。我们必须透过字面的表层进入深层，在正确而深刻地理解句子内容的基础上，找到恰切的有声语言的表层结构。有时候，字面上的一个表层结构蕴涵着两个深层结构，属于有歧义的结构体。例如，“王明和李平看电影去了”这个结构体，就包含了两种深层含义。一种是回答王明和李平“干什么去了”，表层结构应该是“王明和李平∨看电影去了”，主语是联合词组，“王明”和“李平”在同一层次里，“和”为连词。另一种是回答王明“和谁”看电影去了，深层结构变了，表层结构也要跟着变，变成“王明∨和李平看电影去了”，主语成了“王明”，“和李平”变成了介词短语，作状语，“和”不再是连词，而成为介词了。遇到这种情况，必须着眼全篇，联系语境（主要是上下文），准确把握其深层结构，用朗诵的表层结构——声音形式（停顿）消除字面上的歧义。

正确地划分组合，是处理好句内停顿（句内停顿我们称之为“断句”）的关键。一句话往往由好几个词组成，这些词与词之间的关系是不相同的，有的密切，有的疏远。我们按照关系进行划分组合，把关系密切的结合成一组，另一些结合成另一组。这样就把句子切分成一个个小段落——意群，意群之间应有适当的停顿，意群内部则应连读。意群的划分当然不是绝对的，但不管怎样，都不允许错乱。下面几句的划分是不正确的。

(1) 望城县四中学∨雷锋小组

(2) 电子水∨处理仪

(3) 国宾酒店∨管理学校

(4) 利用服装∨表演这种美的形式

(5) 以市场∨开发带动商住楼的发展

以上各例明显不妥，一看便知。下面一例则要认真思考。

“为教育部门提供决策和科学管理的依据”这句话如何切分？有人在“决策”后面断句，行不行？不行。为什么？因为意义不妥。这样断，提供的是两项——“决策”和“科学管理的依据”，可以组合，也有意义，但与句意不合。“决策”要由教育部门自己做，不能由别人来提供。这里提供的是“依据”，“决策和科学管理的依据”。“决策”一定要和“科学管理”先组合成联合词组，再与“依据”组成偏正词组，然后以一个整体作宾语和“提供”组成动宾词组。其结构层次图示如下：

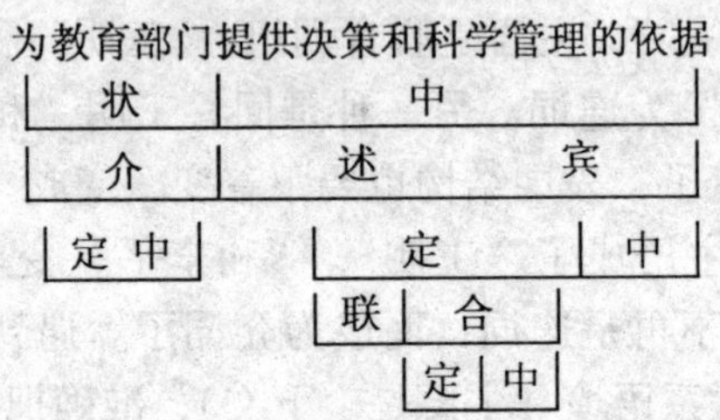

对句子的词语进行划分组合要注意三点：

第一，任何划分出来的部分，必须有一定的意义，表达一定的内容。例如，

“战士个个英勇顽强”，不能划分成“战士个个∨英勇顽强”，因为“战士个个”没有意义，表达不了什么内容。应当切分成“战士∨个个英勇顽强”。

第二，划分出来的各部分，能构成语义上的搭配关系。例如，“这个厂生产的产品质量一直很好”不能划分成“这个厂生产的产品质量∨一直很好”，因为“生产”与“质量”不能搭配。应断成“这个厂生产的产品∨质量一直很好”。

第三，划分出来的各部分，在语义上搭配起来必须符合原意。例如，“能∨人所不能”与“能人∨所不能”，两种断法都有意义，但后者不符合原意，因此要采用前者。

断句不妥，造成结构层次的混乱，影响语义的表达，这种现象我们称之为“读破”。“读破”乃朗诵之大忌，应力求避免。

下列几种结构形式在断句上容易出毛病，应特别注意。

1. 主谓结构作句子成分

主谓作宾式。宾语本身是个主谓结构。例如：“我相信你们一定会来。”这种句子停顿一定要放在宾语的“主语”之前，而不能放在其后。上例要断成“我相信V你们一定会来”，而不能断成“我相信你们V一定会来”。还有一种是兼语式，如“我请他看电影”。“他看电影”也是主谓结构，这里的“主语”“他”又是“请”的宾语。这种兼语式在谓语和兼语之间不能停顿。

主谓结构作定语。例如：“他望着战友为之献身的巍巍青山，心情无比激动。”有人读成“他望着战友V为之献身的巍巍青山……”这就不对了。因为“战友为之献身”这个主谓结构是修饰“巍巍青山”的，作定语，与“巍巍青山”组成定中结构，作宾语。“望着”的是“巍巍青山”，而不是“战友”，“战友为之献身的巍巍青山”是一个整体，要连读，“战友”后面不能停顿。

2. 联合结构作句子成分

联合词组可以作各种句子成分，读时要把它作为一个整体，要“抱团”，分项之间不能停久，否则就散了。例如：“在分配问题上我们必须兼顾国家利益、集体利益和个人利益。”这句话中，联合词组作宾语，为了使结构完整、语义清晰，我们在“兼顾”后面停一下，把后面的三项组合在一起，读成“在分配问题上V我们必须兼顾V国家利益、集体利益和个人利益”。如果不是这样，“兼顾”后不停，而是冲到“国家利益”后面才停，那就散了。还要注意，并列的几个词语不一定在同一个层面上，要按照语义进行正确的划分组合。例如：“教育战线必须抓好师资队伍、教材和教学、科研仪器设备这三项基本建设。”句中“教学”后面的顿号不是三项的区分标志，而是最后一项内部两个方面的区分标志，属于第二个层面，是联合中的联合。图示是这样的：

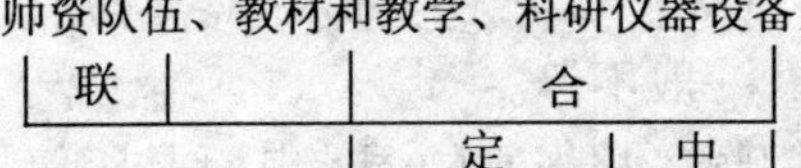

“教材”和“教学”不是一项，不能直接组合，不能连读，必须在“教材”之后停顿。“教学”、“科研”要连起来，作定语，与“仪器设备”组成一个整体，与“师资队伍”、“教材”两项并列。

3. 同位结构作句子成分

例如：“伟大的国际主义战士罗盛教的父亲罗迭开”，这是一个同位词组，内部还套着一个同位结构“伟大的国际主义战士罗盛教”。注意，“战士”后面决不能停顿，否则，伟大的国际主义战士就不是罗盛教，而是他的父亲罗迭开了。

有的句子停顿不好会造成严重错误，要特别小心。例如，“教育学生憎恨祖国和人民的敌人”，绝对不能把“憎恨”和“祖国”连在一起读，必须在“憎恨”后面停一下，“祖国”和“人民”一定要连起来，与后面的“敌人”组成一个整体，作“憎恨”的宾语。再如，“这里边的道理，也许只有共产党的头头方志敏和我，才说得出来”。(句中的“我”指蒋介石)“共产党的头头方志敏”是同位词组，要连读，一定要在“方志敏”后面停顿，决不能在“方志敏”之前停，否则，共产党的头头就变成了方志敏和蒋介石两个人了，那就成问题了。

4. 关于“是”、“有”、“的”

“是”、“有”动词谓语句经常碰到，在其后是否要停顿，要根据具体情况灵活处理。一般是看其后面连带成分字数的多少而定。字数多，在其后要停一下，如，“刚才说的是∨关于怎样才能学好古代汉语的问题”，“唐代著名的诗人有∨李白、杜甫、白居易、李商隐、王维、王之涣、孟浩然、韩愈、杜牧、刘禹锡等”。字数少的，一般不停。

“的”是使用频率相当高的词，其后是否停顿也要看具体情况。“的”字结构作主语，要停顿。如，“卖菜的，是河西豆庄的”。作定语时，要根据中心语的长短来决定是否停顿。中心语长，要停。如，“我国目前最大的∨盒式录音机磁头装配生产线……”中心语短的，一般不停顿。但强调中心语时要停顿。如，“它是站在海岸遥望海中已经看得见桅杆尖头了的∨一轮朝日”。

5. 关于标点符号

标点符号是书面上的停顿标志，一般情况下与有声语言的停顿是一致的，但有时不一致，朗诵时不能机械地按标点停顿，而是要从表情达意的需要出发，打破标点限制，安排好有声语言的停顿，即找到“心”中的标点。如，“但是，这不等于可以否认前人的文艺作品和美学见解，对我的审美态度的积极影响”。这是个主谓作宾句，由于宾语较长，作者在中间加了一个标点，以示醒目，读的时候这里几乎不停，而是在“否认”之后停。又如，“梳理头发，做出各种发式使人，尤其是女子更美，更具有吸引力”。这句话读时要增加两个停顿，读成“梳理头发，∨做出各种发式∨使人，∨尤其是女子∨更美，∨更具有吸引力”。

（二）逻辑停顿

为了突出某一事物、强调某种思想、显示某种关系所作的停顿叫逻辑停顿。它的停顿时间比结构停顿要长，并且多与重音配合使用。例如：

（1）世间一切事物中∨人∨是第一个可宝贵的。

（2）我们连续几天∨早晨∨就到市场观察。

（3）要知道∨“给”∨永远比“拿”愉快。

（4）生活是苦点儿，∨可情绪∨依然很高。

例（1）突出“人”，例（2）强调时间——“早晨”，例（3）强调奉献——“给”这种思想和价值观念，例（4）表示对比和转折。

再看一个例子。“马克思列宁主义理论和中国革命的实际，怎样互相联系呢？拿一句通俗的话来讲，就是‘有的放矢’。

‘矢’就是箭，‘的’就是靶，放箭要对准靶。马克思列宁主义和中国革命的关系，就是箭和靶的关系。”（毛泽东《整顿党的作风》）这段话是用箭与靶来比喻理论联系实际，为了鲜明地表达出这种关系，我们增加几个逻辑停顿来加以强调：“就是∨‘有的放矢’。‘矢’就是箭，‘的’就是靶，放箭∨要对准靶。”

（三）心理停顿

由心理的特殊变化特别是情感变化引起的停顿叫心理停顿。这种停顿位置不确定，时间比较长，主要用来表现人的内心世界，可以极大地增强语言的生命力和感染力。

琼瑶的小说《几度夕阳红》中有一段很能说明人物的心理变化对语言停顿的影响。

> 晓彤的出现，显然使他精神大振，他坐正了身子，抬起头来，对晓彤展开了一个欢快的笑容：
>
> “你猜我等了你多久？一小时又二十五分三十八秒！我早来了半小时，又……”他停住了，愕然地说：“你怎么了，晓彤？有什么事情？发生了什么？”

魏如峰在酒店里等了很久，晓彤来了他非常高兴，用欢快的语调说了前面的话。当他发现晓彤神色不对时，他的心理顿时发生了变化，由高兴转为疑惑、担心，说到“又”字突然停住，过半天才问：“你怎么了，晓彤？”

让我们再看看《十里长街送总理》中的一段：

> 灵车缓缓地前进，牵动着千万人的心。许多人在人行道上追着灵车奔跑。人们多么希望车子能停下来，希望时间能停下来。可是灵车缓缓地远去了，终于消失在苍茫的夜色中了。

这段话表达了广大人民群众对总理的一片深情，人们不敢相信总理会走，希望把总理留住，希望再多看总理一眼。然而钢浇铁铸的事实摆在面前，人们是多么悲痛啊！在“希望时间能停下来”之后必然是一个长时间的心理停顿，在“可是”之后，又是一个较长时间的心理停顿，然后用慢速读出下面的话。

心理停顿是情感运动的必然结果，贵在真实，一定要由真情实感引发，决不能机械地外加。一般来说，表现思索、犹豫、怀疑、猜测、忧伤、痛苦等心理活动，停顿较多，时间较长。反之，表现肯定、果断、欢快、轻松等心理活动，停顿较少，时间较短。人的心理活动是十分微妙复杂的，要深入作品，细心体味。

以上我们从结构、逻辑、心理三个方面讨论了停顿。结构停顿是基本的，使用最多的，它关系着内容表达的准确性，首先要掌握好。逻辑停顿和心理停顿关系到表达的鲜明性、充分性和生动性，也要很好把握。三者都服从于内容，服从于思想感情的表达，切不可脱离内容、脱离真情实感机械地生搬硬套。

停与连是对立统一的。该停则停，该连则连。停，不一定是声音的绝对中断，有时是一“挫”，有时是一“拖”，似停还连，似连又停，停中有连，连中有停。不该停的地方要连，连也不等于囫囵吞枣，不分个数，词语界限还是要清楚，不能乱套。停顿的多少、长短也不是绝对的，完全取决于表情达意的需要。要注意语意的完整性和连贯性，向心抱团，重点突出。切不可任意乱停、支离破碎，使人费解、不得要领。

第二节　重　音

一、重音的表达作用

我们这里说的重音是指语句重音，就是一句话中在声音上加以强调的词或词组，这样的词语听起来最分明、最突出，是语句意义的主体。例如："今天我们讲一个'滥竽充数'的故事。""滥竽充数"是表意的主要词语，是这个句子的重音。重音是兴趣中心，是"焦点"。

重音的主要作用是体现话语的目的，显示意图和态度。重音恰当与否直接关系到言语目的是否明确，思想感情是否鲜明。

重音的另一个重要作用是显示节奏。轻重变化是形成节奏的重要因素，长短（快慢）变化是形成节奏的另一个重要因素，重音恰恰体现着这两种变化，因此，重音表达得好不好，直接影响语言的节奏。

重音和停顿是语言表达的两张王牌，朗诵中要高度重视。

二、重音的确定

一个句子的重音应该放在什么地方，完全取决于说话的目的，目的不同，重音位置也就不同。我们用"我喜欢打羽毛球"为例来加以说明。

我喜欢打羽毛球（喜欢什么运动）

我喜欢打羽毛球（喜欢什么球）

我喜欢打羽毛球（你喜不喜欢打羽毛球）

我喜欢打羽毛球（谁喜欢打羽毛球）

随着回答问题的不同，重音的位置就发生变化。括弧里的

“什么运动”等是重音存在的背景知识。必须了解背景，知道预设，也就是说明确了言语目的，才能确定重音的位置。

上例的几种情况是我们假设的。在具体作品中，每个句子都是处于特定的背景下，言语目的都是十分明确的，我们不是再去假设，而是去了解、去领会作者的意图，从而把握目的，确定重音。

到底怎样才能准确地把握言语目的呢？

句子是表情达意的基本单位，但往往不是孤立使用的。我们不能孤立地、静止地对待句子，必须要从整体上、从联结上、从流动中去把握它们。换句话说，就是要联系语境。就句子而言，它的语境就是整篇作品及其上下文。一句话的真正含义有时不能直接看出来，需要在一定的语境中才能看出来。一定要联系语境，挖掘出句子背后的隐含意义。这种隐含意义我们称之为“内在语”，是字面上没有写出来隐藏在文字背后的话。内在语反映语句的本质和联结，把内在语挖掘出来了，言语目的就明确了，重音位置就确定了。例如，“你来了”，这个句子很简单，三个字，但离开语境，不了解真正含义，也无法表达。如果内在语是“我请的是他，你怎么来了”，重音就放在“你”字上，表现惊奇、不高兴等心情。如果内在语是“我正打算去找你呢，你来了，太好了”，重音就放在“来”字上，表现高兴的心情。到底是哪一种，在作品中是确定的。

言语目的是多种多样的，如表示对比，表示肯定，表示比喻，表示夸张等等，无法一一列举，也没有什么公式可套，只能具体分析，具体处理。离开具体作品，离开语言环境去套什么公式，去搬什么条条框框，是行不通的。确定重音没什么捷径可走，只有从整体出发，从联系出发，老老实实地深入分析、细心体会。

综上所述，对如何确定语句重音，我们可以这样归纳：

依据：言语目的。

方法：立足本句，着眼全篇，上下联系，前后照应。

下面分析几个例子。

(1) 提到无锡，人们会很自然地想起太湖，太湖的确是很美的。然而我们今天要说的是大运河在无锡的风貌。

《话说大运河》

这是一个转折关系的句群，它的主要重音应该放在哪儿？放在后一个“无锡”上行不行？不行。为什么？因为这个句群是把“太湖”与“大运河”对照着说，用“太湖”来衬托“大运河”。太湖的确很美，但我们今天不说它，我们今天说“大运河”。整个句群的语义中心在“大运河”上，重音必须落在它上边。首先抓住这个主要的，然后再找出次要的——“太湖”、“的确”。

(2) 望三门，三门开，
“黄河之水天上来”！

……
望三门，门不在，
明日要看水闸开。
责令李白改诗句：
“黄河之水‘手中来’”！

（贺敬之《三门峡——梳妆台》）

这是典型的前后照应。前面写黄河的宏伟气势，截引李白《将进酒》的诗句“君不见黄河之水天上来”来形容。三门峡水电站修起来，黄河治理好了，诗人要李白把诗句改一改：“天上”来改成“手中”来。两个重音前后照应、对比鲜明，充分表现了劳动人民在党的领导下改天换地的雄心壮志和巨大力量，给人鼓舞、令人振奋。

(3) 丁洁琼深深地看了苏冠兰一眼，收回自己的右手，目光在叶玉菡、金星姬脸上停留了片刻，然后感慨地说："谢谢你们，当我离开北京的时候，你们能来送行……"

"不，琼姐，我们不是来送行的……"叶玉菡急切地说。

"哦?"丁洁琼似乎有点诧异。

"琼姐，的确，我们不是来送行的。"苏冠兰竭力使自己的声音平稳些。

"我们是赶来……"他的话戛然而止，又说不下去了。

"丁姨！我们是来挽留您的！"小星星用娇嫩的声音喊道。丁洁琼面色略微一变，默默无语。

"我们来挽留你，琼姐！"叶玉菡恳切地说，"你应当相信我和冠兰的心意。我们希望你留下来，留在北京，和我们在一起"。

(张扬《第二次握手》)

这段话的中心意思是劝琼姐留下来，根据这个中心我们确定了上面一些主要重音。这些主要重音互相联系，层层推进，前后照应，好比一粒粒珍珠在闪光，显示着整段文字的言语目的。

确定重音一定要有整体观念，要从全篇着眼，首先抓住体现主题和段意的主要重音，然后才是次要的。切不可失去整体，不顾联系，孤立地一句句去找。

不少书上有"语法重音"、"感情重音"的提法。其实，语法重音是靠不住的。什么成分都可能成为重音。离开语境、离开目的来谈论重音有什么意义呢？请看下列语法重音：

(1) 小李高兴地笑了。

(2) 容貌的价值不等于人的价值，人的价值是在奋斗中体现的。

(3) 得天时地利人和之精髓，吸春花秋穗夏露之灵气。

(4) 在父老前辈面前，在兄弟姐妹面前，在子孙后代面前，塑造起一座新的、巍峨的丰碑吧！

(5) 真是舟行碧波上，人在画中游。

请大家按所标重音朗读上面这些话，看看是什么感觉。

至于感情重音，其实是不存在的。因为感情只影响重音的表达，而不会改变重音的位置。例如前面的例句“我喜欢打羽毛球”，可以平和地说，可以激动地说，也可以不耐烦地说，但不管是什么感情，只要是表示肯定，重音就只能是“喜欢”，绝不会变。

三、重音的表达

重音的位置确定了，还有一个表达问题，要注意以下几点：

1. 综合利用多种语音手段。重音的构成主要是音长和音高，音强也起一定作用。

重音是音长、音高和音强相互叠加的结果。重音处，速度稍慢，声音稍高，音强也适当变化。另外，停顿也是突出重音的重要手段。例如：“这许多书里头，∨这本∨我最喜欢。”我们除了把“这”这个音节拖长、提高和稍稍加强之外，还在“这本”前后略作停顿，这就把重音突显出来了。

2. 注意情感，用语气来带。重音是构成语气的重要因素，语气随情感而变化，重音的表达也要相应变化，有时重些，有时轻些。一般来说，表示坚定、果敢、豪迈、庄重、粗暴、愤怒、激动等情感的重音，常常读得重些；表示幸福、温暖、欣慰、体贴、怀念、谦和、沉静、忧伤等情感的重音，常常读得轻些。总之，随着感情走，用语气自然带出。

3. 分清主次，突出重点。处理好两个关系：一是主要重音与次要重音的关系，一是重音与非重音的关系。要注意全篇重音的分布，善于抓住和突出那些最能体现作品精神实质的主要重音，让它们像粒粒珍珠闪闪发光，用它们来带动其他的。次要重音读清楚就可以了，切不可见了重音就强调，平均用力，主次不分。重音与非重音也是一样，重音处多用点力，非重音处少用点力，否则，都是一个劲儿，那就无所谓重音了。

第三节　语　气

一、语气及其作用

语气，又叫语调，它是能够表达说话人思想感情的语句的声音形式，也就是说话的调子、味道。语气具有重要的表达作用。它不仅赋予语句以抑扬顿挫的特点，而且传达一定的思想感情，调动听者的情绪，造成某种意境，增强语言的表现力。

二、语气的内容与形式

语气有“内”、“外”两方面：“内”，指语句所蕴含的情感，这是形成不同语气的内在依据；“外”，指语句的声音形式，这是语气的外部表现。声音和情感是密不可分的。同一句话，说话人的情感不同，说出来的声调也就不同。例如，“他走了”这句话，受不同的情感支配，会有多种不同的声音形式。心情可能是轻松、平静的，也可能是紧张、愤恨的，也可能是痛苦、忧郁的……对应的声调就可能是平缓、柔和的，也可能是急切、粗硬的，也可能是低沉、凝重的…… 再如，一个“啊”字，情感有坚定、犹疑、愉快、悲哀、轻松、沉重、惊讶、激动、失望、不安等等，声调也就有高、低、轻、重、长、短、软、硬、明、暗、虚、实等等多种变化。声调离不开情感，是“情感的声调”。

（一）语气的情感

情感，要注意它的两个方面：色彩和分量。

情感的色彩，也就是各方面的具体性质，如喜、怒、哀、乐、爱、恶、欲等。我们要细心体会作品的语句，产生明确具体的态度和细腻深刻的情感体验。支持、反对、赞扬、批评、严肃、亲切、坚定、犹豫、热情、冷淡等是为不同态度；热爱、憎恨、喜悦、悲伤、恐惧、愤怒等是为情感。作品语句蕴含的到底是哪一种态度情感，要清楚，要投入。

情感的分量，指情感的浓淡程度，也叫分寸、火候。色彩是情感的“质”，分量是情感的“量”。情感的表达，不仅质要分明，而且量要适度。爱到什么程度，恨到什么程度，喜到什么程度，悲到什么程度，都有个“度”的问题。不足不行，过了也不行，要很好地把握分寸、火候。

（二）语气的声音形式

声音是情感的产物，情感的多样性与丰富性决定了声音的多样性与丰富性。语气的声音形式是一个由多种因素构成的综合体，包括高低升降、轻重缓急、明暗虚实等各方面的变化。要综合运用多种声音要素进行表达，不可单一化、程式化。例如，“我走了”，高兴地告别，声音是高昂、明朗，稍快、稍强；痛苦地分手，则是低沉、阴暗，稍慢、稍弱。

汉语书上一般把语气分为平直调、昂上调、降抑调、曲折调四种，这只是声音形式的一个方面，主要是声音的高低升降。实际上语气的声音形式是十分复杂的，其变化是多种多样的、丰富多彩的，很难用某种单一的方式来概括，我们还是牢牢记住用情感来支配声音。不同情感的句子，应该用不同的声音来表达，任何时候都不要把语气框死，语气越丰富多彩越好。

三、语势

句子是相互联结、彼此呼应的，朗诵语言是流动的。我们要从整体出发，站在全篇的高度，从相互联系中来把握语气。语言是流动的，就有一个发展趋势问题，有个声音的态势问题。这种有声语言的发展趋向和运动态势，我们称之为语势。我们不能只是孤立地、静止地看待一个句子，而必须看到它在整体中的地位，看到它的发展方向，给以恰当的分量，表现出变化的态势，向高向低，向强向弱，向快向慢，向明向暗，向刚向柔……例如：

> 长期的折磨，使吴吉昌患了重病。从外表看来，他脸孔蜡黄，两腿肿胀，身似朽木。但在内心深处，一种严肃的使命感，仍然像烈火一样，熊熊不熄。周总理那“我把任务交给你了”的声音，不断在耳边回旋。
>
> （《为了周总理的嘱托》）

这段话是个表转折关系的句群，由四个句子组成，前两句为“偏”，后两句为“正”。表现吴吉昌身病志坚，不忘总理嘱托，一心要搞棉花的崇高精神和顽强意志。前两句语气较低、较平，且渐慢、渐弱，以表现其病重。后两句要扬起，加快、加强，在“烈火”和“交给你了”两处形成两个声音的高峰，以表现其精神和意志。低、慢、弱与高、快、强有机变化，综合运用，很好地表达人物的精神境界。

第四节　节　　奏

一、什么是节奏

节奏是在一定时间内交替出现的有规律的运动现象。构成节奏有两个重要关系：一是时间关系，指运动过程；二是力的关系，指运动强度。把运动中的强弱变化有规律地组合起来加以反复，就形成节奏。

世界上的事物大都有节奏。寒暑相推，四时代序，这便是时令上的节奏；陵谷相间，岭脉蜿蜒，这便是地壳上的节奏；花开花落，循环繁衍，这便是花木上的节奏；早起晚睡，日作夜息，这便是生活上的节奏。

艺术反照自然，既然自然界的事物有其客观规律和节奏，艺术当然有节奏。在音乐中，由音响的长短交替和强弱反复构成节奏；在舞蹈中，手舞足蹈，快慢有致，构成节奏；在绘画中，形象组合，动静疏密，构成节奏。总之，任何艺术都有节奏，“节奏是艺术的生命”。文章也不例外，文章也有节奏。文章的节奏表现在各个方面。从情节的角度看，有张有弛，张弛相间；从谋篇布局的角度看，有详有略，有疏有密；从语言的角度看，文句的长短整散，语势的疾徐直曲，字音的响沉抑扬，它们错杂相间，使文章声势呈现有规律的变化，和谐流畅，形成声音的节奏。朗诵的节奏就是声音的节奏。什么是朗诵的节奏呢？

朗诵的节奏就是声音的抑扬顿挫、轻重缓急的回环往复。它是由作品内容决定的，思想感情的波澜起伏决定的。

朗诵是有声语言，是听觉的节奏，是由音强、音高、音长、音色四个要素的变化而形成的，四要素中任何一个在一定时间内有规律的交替变化，都会形成节奏。由音强造成的节奏主要表现在轻重变化上；由音高构成的节奏主要表现在字音的平仄和声音的高低变化上；由音长造成的节奏主要表现在速度变化和停顿长短上；由音色造成的节奏主要表现在押韵上。综合运用几种因素，造成声音上的高低抑扬、强弱轻重、快慢疾徐、断连顿挫、明暗虚实等对比变化，就可以使朗诵具有鲜明的节奏感，增强表达效果。

二、节奏的运用

掌握和运用好节奏，增强语言的表现力和感染力，是语言表达技巧的一个重要方面。节奏是在一系列对比、衬托中显示出来的。欲扬先抑、欲抑先扬，欲快先慢、欲慢先快，欲重先轻、欲轻先重。有这些对比、衬托，才有节奏。节奏的核心是“变化”。没有变化，从头到尾一个调，平铺直叙，铁板一块，还有什么节奏可言呢？朗诵就是要善变。不同作品要变，不能篇篇一个调。同一作品的不同段落、不同语句也要变，不能句句一个腔。“变”有大小之别，无有无之分。不论变化大小，反正都要“变”。大小是相对的，变化是绝对的。当然，“变”是有“章”可循的，不能乱来。这个“章”就是作品的内容，就是思想感情。脱离内容、脱离情感，任意变化、故弄玄虚，人为地制造节奏，那是要不得的。

停顿、重音、语气是影响节奏的重要因素，前面已经讲了，下面说说速度。

速度表现为时间关系，是影响节奏的重要因素，掌握好速度是朗诵语言技巧的一个重要问题。

掌握速度要注意情感、人物性格气质、内容性质和对象特点等几个方面。

情感与速度：一般表现紧张、激动、惊恐、欢畅等情感，速度快；表现沉重、忧伤、思虑、缅怀等情感，速度慢。

人物性格气质与速度：语速也是人物性格气质的一种外在表现。一个热情爽朗、活泼好动的人，说话速度往往较快，而一个沉稳持重、严肃好静的人，说话速度往往偏慢。

内容性质与速度：重要的、生疏的，慢点儿，次要的、熟悉的，快点儿；急剧变化的事件，快点儿，平静、庄重的情况，慢点儿。

对象与速度：速度快慢与对象也有一定关系。同样的内容，对文化水平低、接受能力差的（如农民、儿童），就得慢点儿。

节奏有不同类型。郭老概括为鼓舞型和沉静型两大类；北京广播学院张颂教授分成六种：高亢型、紧张型、轻快型、低沉型、舒缓型、凝重型。一篇作品的节奏类型是由它的总的感情色彩和分量也就是基调决定的。坚定热情的基调必是高亢型的节奏，怀念沉痛的基调应为凝重型的节奏。值得注意的是，各种节奏类型不是截然分开的，往往是你中有我、我中有你，一种为主、兼有其他。整体上是紧张型，局部可能是舒缓型。要读出情感的层次来，统一之中有变化，不能一高亢就句句高亢，一低沉就句句低沉，果真如此，反倒没有节奏了。

第五节　体态语言

人们说话时，除了声音之外，总还伴随着一定的体态来帮助表情达意。各人的不尽相同，但人人都有。朗诵的表情达意当然主要靠有声语言，但也少不了体态语言。广播里看不到，但不等于没有，登台朗诵时就一清二楚了。有声语言同体态语言总是伴随在一起的，生活中如此，朗诵中也如此。

一、朗诵中的体态语言

体态语言主要包括面部表情、手势和身体动作，这三个方面在朗诵中都会用到。

（一）面部表情

面部表情是指在内心情感的作用下，面部五官所做出的喜怒哀乐等情态变化。朗诵的体态语最重要的是面部表情。面部表情主要集中在眼睛、眉间和嘴这个三角区内。眼睛特别重要，历来有眼睛是心灵的窗口之说。朗诵中一定要注意自己的眼睛。低着头、扬着头或左顾右盼，就是不敢看观众，这是不行的。一定要看着观众，一定要和观众交流，要让观众从眼睛里看出你的心。表现高兴时，眼睛明亮，目光亲切；表现失望时，目光呆滞暗淡，充满沮丧；表现愤怒时，双目圆睁，直视对方……眼睛一般是平视前方，有时可以仰视（表示高大、傲慢）、俯视（表示沉思、羞愧）、斜视（表示轻蔑）、环视（表示询问）等。例如朗诵于沙的《偷光阴》前面几个排比的问句“你听说过光阴被偷吗？你看见过光阴被偷吗？你有过光阴被偷的事吗？你相信光阴会被偷吗？”朗诵时身体可稍稍前倾，眼睛看着台下稍近一点的某位观众，和他交流。到“那么是谁，有这么大的胆量，连光阴也敢偷呢”这一句时，直起身来，眼睛看远点儿，环视全场。结尾时又直视前方。眉间、嘴、鼻和面部肌肉等活动，也有一定的表情达意的作用。例如，双眉紧锁，表示困惑、痛苦；紧抿嘴唇，表示犹豫或隐秘；面部肌肉紧张，表示严肃；面部肌肉放松，表示兴奋等。面部表情一定要符合作品情感的变化。像朗诵《有的人》，面部表情就应该是庄重严肃的，而朗诵《倔老婆子》时，则应是轻松愉快的。

（二）手势

手势是指根据表情达意的需要，手与胳膊所做的比划或摆动等动作，有指示性的，有形象性的，有象征性的，有情感性的。朗诵中根据表情达意的需要适当地运用手势可以更充分地表达作品的思想感情，同时也可避免呆板，增强可视性。例如上面的《偷光阴》，在用目光抓住观众的同时，把手伸出去，指着某位观众，就可以更好地吸引观众的注意力，进行更加密切的交流。再如，朗诵《有的人》的最后一句时，在“群众”处就把双手抬起来，高度在腰部，掌心侧向上方，与肩同宽。到“抬举得”时双手上举，略低于肩。到第一个“很高”时又上举，稍过肩。最后一个“很高”再上举，稍过头，并略展宽。这样的结束动作可以大大增强抒情效果，突出“有的人”的高大形象。

（三）身体动作

身体动作指身体姿势和动作的变化，朗诵的时候也要随着作品适当变化。在台上朗诵，一般呈小丁字步自然站立，随情感的变化，有时挺立，有时前倾，有时后仰，有时左右晃动，有时甚至可以走动。例如朗诵向明的《湘绣被面》，在读“仿佛一走上去就可以回家”时，在伸出双手的同时，可以向侧前方跨出一步，并且停顿片刻，到下一句时再慢慢收回。这样就可以充分表达出作者要回大陆与家人团聚的急切而强烈的愿望。

二、体态语言运用

朗诵主要是靠有声语言，但体态语言的作用也是不可忽视的。运用得好，可以起到吸引、强化、印证等作用。怎么叫运用得好呢？概括地说，要做到适度、自然、协调、优美。

适度　体态语言的运用要少而精，不可过多、过滥。要相信有声语言的力量，在朗诵中体态语言永远都是辅助性的。有人在朗诵时一句一个动作，企图图解有声语言，这是很不好的。记住：过多的动作和过分的表情，会适得其反，破坏表达效果。

自然　体态语言是内心情感的真实流露，不可故作姿态。一不可装模作样，虚张声势。二不可脱离自我，机械模仿。要由衷、真实，质朴、自然。朗诵者在观众面前的每一个微笑，每一个手势，都必须是发自内心的，来不得半点儿虚假做作。那种装出来的笑容和硬加上去的手势动作，简直令人恶心。

协调　协调有两个方面的含义：一是体态与表达内容和谐统一，符合作品的要求。二是各种体态之间要配合得当，协调一致。面部表情、手势、身体动作，服从于一个统一的目的，有机配合，协调一致，不能你东我西，顾此失彼。手指向右前方的高处，身体一定要侧过来，眼睛也一定要望着那里。

优美　朗诵中的体态语言不光要真实、自然，而且要讲究优美，使人感到舒服、愉悦。要注意动作的幅度，要讲究站立的姿势。一般来说，动作应有控制，要含蓄，符合艺术表现的要求，不能是生活的照搬。动作幅度要小一点儿，不要一笑就咧开大嘴，牙床外露，一挥手就又高又直，大甩大抡。

技巧训练

一、读下列消息，注意处理好结构停顿，兼顾重音

广州建成中国最大旅游产品流通市场

全国最大的旅游产品交易和流通市场——广州旅游交易推广中心将落户广州。该中心现已开始招商。

据了解，广州旅游交易推广中心由广州市旅游局主办，是集旅游、交易、服务、展示、洽谈和商品销售于一体的旅游消费综合场所。同时建成全国最大的旅游电子商务中心，由国家旅游信息中心、中国旅游商务热线等旅游网进驻。

广州旅游交易推广中心，占地面积1万平方米，将吸纳全国

各地的旅行社、旅游名店、著名景点景区以及航空公司等交通和保险部门加入。建成后将成为广州地区游客直接获取旅游信息、购买旅游产品的集散地。

广州旅游局有关负责人认为，中国即将加入 WTO，旅游市场将进一步开放，广州旅游交易中心的建成也是顺应形势、打破旅游行业的地方保护主义和条块分割的举措。

二、读下面的散文诗，特别注意重音

浅　薄

汪国真

深刻的人以对别人的敬重显露其深刻，浅薄的人以对别人的贬低证明其浅薄。

常议论别人浅薄的人，意在表明自己深刻；而一个深刻的人是不会常去说别人浅薄的。

由此，反证出常议论别人浅薄的人与深刻无缘，倒与浅薄结缘了。

就文学作品而言，浅显不是浅薄，浅薄往往并不浅显。

纵观中外文学历史，名小说、名诗歌、名散文，大都是浅显易懂，并不拒人于千里之外的。倒是一些貌似深奥和晦涩的东西，从骨子里透出了浅薄和一副小家子气。

它在当时引不起人的兴趣，在后世则更被人遗忘。

浅薄的人在行动上常表现为张狂，在理论上常表现为轻狂，在追名逐利上常表现为疯狂。

浅薄的人常想通过奚落别人来证明自己的价值，但是，他总是让人感觉不到他的真正价值，他永远只能扮演一个“很闹”的小角色。

三、朗诵下列作品，体会停顿（特别是心理停顿）和语气节奏

枯　井

王中才

在沙漠暴热的中午，我干渴，咽喉冒烟，冒火。

我踉跄而行。偶尔看见不远处有口小井。

我惊喜地跑过去。啊，原来是口枯井，龟裂的井底，没有一丝湿气。

我怨恨它？

不，我感激它。

多少人吮吸过它的甘汁！那些人活下来了，它却枯死了，连一滴水都没留下。

活着的人哪，当你吸着冰镇汽水和香槟酒的时候，还记得沙漠里这口枯井吗？

香山怀贺龙元帅

敏　歧

山谷中，百鸟飞旋，绿阴间，红楼点点。“元帅，你被囚禁在那里？就在那揪心的当年。”

一生戎马，半世烽烟，为人民，夺来一片晴空，万里蓝天。而你，却被锁在三尺铁窗，肩透骨风寒！

迎飒飒秋风，你站在窗前，默默无言。一夜，红了峰峦，白了鬓边。

我没有泪滴——泪滴早已被愤懑烧干！我只能说，在人民心里死去的，是那些奸佞，而不是你！——那红枫如火的层峦，不正是你的雕鞍！

第六章　文学作品的朗诵

朗诵涉及各种文体，但主要的、用得最多的是文学作品。这一章我们来讨论文学作品的朗诵。文学作品包括的也很广，我们主要说说诗歌、散文、寓言、小说的朗诵。

第一节　诗歌的朗诵

一、诗歌的特点

诗歌，是一种重要的文学体裁。它运用精炼的、富有节奏感和音乐美的语言，以强烈的情感和丰富的想象，高度集中地反映社会生活。概括性、形象性、抒情性、音乐性是它的特点。

诗歌的种类很多。从描写的对象可分为抒情和叙事两大类。从形式上分，可分为格律诗、自由诗、民歌和散文诗四种。从所描写的具体内容分，又可分为哲理诗、田园诗、山水诗、爱情诗、讽刺诗、赠别诗等。

二、诗歌朗诵的基本要求

（一）读出情感

“诗者由情生也”，“诗缘情而绮靡”，“诗者，根情、苗言、华声、实义”，一句话，“诗是感情的艺术”。它是以抒发真实的、强烈的、带有普遍性的情感为主要特征的，它的旗帜是抒情。

抒情，既可以直抒胸臆（直接抒情），也可以融情于景，触景生情，托物言志，状物抒情（间接抒情）。例如，大家熟悉的《回延安》，就是直抒胸臆。作者（贺敬之）离开哺育他的革命故乡延安已经十多年了，平时经常想念，一旦回到那里，真是心潮起伏，百感交集，心情万分激动：“手抓黄土我不放，紧紧儿贴在心窝上。……几回回梦里回延安，双手搂定宝塔山。千声万声呼唤你——母亲延安就在这里。”当看到“亲人们迎过延河来”时，满肚子话不知从何说起，就“一头扑到亲人怀”。请看，作者在这里所抒发的情感是何等真挚、何等强烈啊！这种直接抒情的作品是很多的，像李商隐的《无题》（相见时难别亦难）、杜甫的《茅屋为秋风所破歌》、叶挺的《囚歌》、徐志摩的《再别康桥》、舒婷的《祖国啊，我亲爱的祖国》等。有些诗，诗人把自己隐匿在幕后，表面上没有“我”，实际上，我依然“置身其间”。写景也好，状物也好，都贯穿着诗人鲜明的情感倾向。例如王维的《鸟鸣涧》：

人闲桂花落，夜静春山空。
月出惊山鸟，时鸣春涧中。

这是一首山水小诗，写山中春天的月夜景色，表面看来好像是纯客观地描写，实质上表现了诗人的独特感受，健康情趣，是对人间生活的赞美。这种间接抒情的作品也是很多的，像贺知章的《咏柳》、白居易的《钱塘湖春行》、沈尹默的《三弦》、艾青的《礁石》、雷霆的《残雪》等。

读诗，最重要的是读出情感。怎样才能读出情感呢？首先要加强修养，培养良好的情感品质。其次是对作品进行认真的分析和揣摩，达到真正的内化，与作者产生情感上的共鸣。在朗诵的时候，要有一种我就是作者的心理感觉。就是说要把自己设想成作者的化身，自己就是抒情的主人，诗中的话就是我要说的话，诗中的情就是我要抒的情。再次是要对诗中的情作具体分析，要明确三点：①情感类别（哀怨、激愤、憎恶、忧伤、欣喜、欢快、向往、离愁别恨、怀古伤今等）；②情感载体（杨柳——离别、梅花——高洁、圆月——思念、落叶——失意等）；③抒情方法（直接、间接）。就是说，要搞清楚抒的是什么情，凭借什么来抒情，用什么方法抒情。具体作品具体分析，把握好情感的度，准确、细腻地表达。

（二）读出形象

诗要用形象思维。诗歌的抒情不是干巴巴地直说，而总是要借助于一定的景物，借景抒情，托物言志。丰富的想象、鲜明的形象，是诗歌的重要特点之一。间接抒情诗形象十分鲜明，自不待说，就是直接抒情诗，也不能没有形象。让我们来看看李商隐的《夜雨寄北》：

君问归期未有期，巴山夜雨涨秋池。
何当共剪西窗烛，却话巴山夜雨时。

这是一首著名的抒情小诗，诗人借助特定的意象，表达了对友人的深切思念之情。诗中写了五种客观事物——巴山、秋夜、秋雨、秋池、烛光，这些构成了典型的客观环境的画面。然而这仅仅是背景，画面的中心是“人”：冥冥的夜色中，昏暗的烛影里，窗前一个孤独的、愁思百转的身影。这是一幅何等鲜明、何等生动、何等感人的画面啊！除此之外，还有一幅画面，那就是诗人想象中的在明亮的烛光里二人窗前对坐、促膝谈心的剪影。

再看一首新诗：

倔老婆子

张志民

那时间——
她拿棍子赶着小伙子走，
背过脸，
骂着她家大丫头：
“哪有女娃招后生？
十七大八不知羞……”
昨晚上——
她拿筷子戳着三闺女的头，
嘱咐着：
“抹抹嘴儿还不赶快走！
省得他，
在咱家门口干咳嗽……”

这首短短的小诗，表现了人们观念的变化，歌颂了社会的进步。作者的这种思想感情，是通过“倔老婆子”这个典型形象来体现的。你看，老太太的形象是何等鲜明！我们分明看到了两组镜头：一组是，“倔老婆子”满脸怒气，拿着棍子在院子里追赶一位小伙子，把小伙子赶跑了，回过头来，又骂骂咧咧地数落自己的大闺女，大闺女很不高兴地走开了。另一组是，“倔老婆子”满脸喜气，催促三闺女快点吃饭，早点去迎接自己的心上人。前怒后喜，前骂后催，对比强烈，个性鲜明。

诗讲究意境。意境是作品描写某种事物所达到的艺术境界，是主观（思想、感情）与客观（生活、景物）相熔铸的产物。情景相生而且契合无间，情恰能称景，景也恰能传情，这便是意境。读出了诗的情感，又读出了诗的形象，也就读出了诗的意境。怎样才能读出形象呢？那就是我们在第四章所说的，要展开想象，获得形象感受。想象力对朗诵者来说是十分重要的，要充分发挥这种能力。当然，这种想象不是漫无边际的任意想象，而是有条件的、受作品制约的，是一种再造想象。就是根据作品提供的条件，在思想感情的支配下，充分发挥想象力，获得对诗中所反映的生活的形象感受。也就是说，朗诵的时候，脑海里要“过电影”，情景交融，生动感人。

（三）读出节奏

诗的语言是最富有节奏感和音乐美的，朗诵的时候一定要注意。诗的节奏主要体现在停顿、轻重和缓疾上，平仄和押韵也有一定影响。

要注意停顿。五言诗一般是三顿，第一顿时间较长。七言诗一般是四顿，第二顿时间较长。五言有二一二的，有二二一的，七言有二二二一的，有二二一二的，读时要注意区别。例如：

五月天山雪，　　　二二一
无花只有寒。　　　二二一
笛中闻折柳，　　　二一二
春色未曾看。　　　二二一
晓战随金鼓，　　　二一二
宵眠抱玉鞍。　　　二一二
愿将腰下剑，　　　二二一
直为斩楼兰。　　　二一二

（李白《塞下曲》）

惯于长夜过春时，　二二一二
挈妇将雏鬓有丝。　二二一二
梦里依稀慈母泪，　二二二一
城头变幻大王旗。　二二二一
忍看朋辈成新鬼，　二二一二

怒向刀丛觅小诗。　　二二一二
吟罢低眉无写处，　　二二一二
月光如水照缁衣。　　二二一二

（鲁迅《无题》）

一般来说，古诗特别是格律诗，这种音顿比较固定，我们不能破坏它，但也不能数着拍子一顿一顿地死读，那就太呆板了。要根据情感的需要，根据速度的变化和结构特点灵活处理。慢读时，音顿比较明显，快读时，音节之间衔接比较紧凑，音顿不明显。结构关系密切的，也要读得连贯些。例如陈毅的《梅岭三章》：

断头今日意如何？创业艰难百战多。
此去泉台招旧部，旌旗十万斩阎罗。

南国烽烟正十年，此头须向国门悬。
后死诸君多努力，捷报飞来当纸钱。

投身革命即为家，血雨腥风应有涯。
取义成仁今日事，人间遍种自由花。

这首诗的第一章前两句较慢，停顿明显（当然一二句也略有不同）。第三句加快，第一顿就不明显。第四句“旌旗十万”是一个整体，要连读，而“斩阎罗”三字则要一字一顿。第二章的第二句“此头”后面停顿较长，以下稍连，一顿反而大于二顿。第三句的“后死诸君”（定中结构）和第四句的“捷报飞来”（主谓）都是整体，要连读。第三章的“投身革命”与“血雨腥风”也有差异。第三句加快，“取义成仁”要连。第四句渐慢，“自由花”三字也是一字一顿。

杜甫的《绝句》“两个黄鹂鸣翠柳，一行白鹭上青天。窗含西岭千秋雪，门泊东吴万里船”。前两句和后两句音顿不同。“两个黄鹂”、“一行白鹭”（定中）都是整体，作主语，要连贯。后两句是动宾结构，“西岭千秋雪”、“东吴万里船”（定中）是整体，要稍连，主要音顿在“窗含”、“门泊”之后，也就是说，二顿反而小于一顿。如果不是这样，而是二顿大于一顿，把“窗含”和“西岭”、“门泊”和“东吴”先组合，那就破坏了结构和意义，是绝对不行的。

词中也有不少七字句，有的音顿和诗是一样的，上四下三。如“无可奈何花落去，似曾相识燕归来”（晏殊《浣溪沙》）；“四海翻腾云水怒，五洲震荡风雷激”（毛泽东《满江红·和郭沫若同志》）。有的不一样，读时要注意。例如辛弃疾的《太常引》：

一轮秋影转金波，飞镜又重磨。把酒问嫦娥，被白发欺人奈何！

乘风好去，长空万里，直下看山河。斫去桂婆娑，人道是清光更多。

这首词的第一句是上四下三，而第四句和最后一句，则是上三下四，要读成“被白发∨欺人奈何”，“人道是∨清光更多”。还有秦观的《鹊桥仙》也有这种情况：

纤云弄巧，飞星传恨，银汉迢迢暗度。金风玉露一相逢，便胜却人间无数。　　柔情似水，佳期如梦，忍顾鹊桥归路！两情若是久长时，又岂在朝朝暮暮！

这首词上下阕的最后一句，都是上三下四格式。

还有的更特殊，如：“六朝旧事随流水，但寒烟衰草凝绿。”（王安石《桂枝香·金陵怀古》）“石榴半吐红巾蹙，待浮花浪蕊都尽，伴君幽独。”（苏轼《贺新郎》）其中的第二句都是一六格式，要断成“但∨寒烟衰草凝绿”，“待∨浮花浪蕊都尽”。

新诗较散，句式长短不一。长句快点，停顿少点、短点；短句慢点，停顿多点、长点。这样，总体上依然是匀称的，具有整齐的美，但内部又有变化，具有参差美，就有了节奏感。例如，贺敬之《雷锋之歌》片段：

你用我们旗帜一样
鲜红的颜色，
写下了
你短暂的
却是不朽的
历史，
你在阶级的伟大事业里，
在“为人民服务”的无限之中
找到了啊——
最壮丽的人生！

按上述要求读读这段诗，你就会感受到一种鲜明的节奏感。

读音的轻重、速度的快慢，随着情感的波澜而变化，就造成了一种抑扬顿挫、轻重缓急的节奏感。

另外，诗的平仄、押韵，也是影响节奏的因素，要注意读好。为了体现诗歌的节律感和音乐美，在古诗词中，有的字可以变读。例如，“蓬山此去无多路，青鸟殷勤为探看。”（李商隐《无题》）“过了黄洋界，险处不须看。”这里的“看”字，按意思应读去声（仄声），但为了韵律上的需要，要读成阴平（平声）。“远上寒山石径斜，白云生处有人家。停车坐爱枫林晚，霜叶红于二月花。”（杜牧《山行》）“故人具鸡黍，邀我至田家。绿树村边合，青山郭外斜。开轩面场圃，把酒话桑麻。待到重阳日，还来就菊花。”（孟浩然《过故人庄》）这两首小诗押的是“发花”韵，诗中的“斜”字读音为 xié，与韵脚不合，改读为 xiá，就协调了，好听了。值得注意的是，古典文学作品也要按照普通话的读音规范来读，变读要严格掌握，不可乱来。

（四）把握基调

基调是贯穿全篇作品的总的感情色彩和分量，也就是一篇作品主导的情感及其强度。朗诵中要自始至终把握住基调。基调要既统一，又有变化。全篇的处理都要服从于这个总的基调，但又不是从头到尾一个调，还要有变化。局部的变化又要服从于总的基调，不能游离基调，即要做到基调统一有变化。有人在朗诵《再别康桥》时，用了一种悲伤压抑的声调，这就不对了。阔别多年之后，诗人（徐志摩）又来到了自己曾经学习、生活过的地方——英国剑桥大学，心情是激动的。诗中表达的是无限欣喜和眷恋之情以及静思默想的心境，基调应当是明丽的，轻柔的，宁静的。

确定并把握好基调，重要的是要在内容上下工夫，达到真正的内化。了解作者的情况和风格特点，了解具体的写作背景，对把握基调是大有好处的，应当在这方面花点时间。

下面我们解剖几首诗。

左迁至蓝关示侄孙湘

韩　愈

一封朝奏九重天，夕贬潮州路八千。
欲为圣明除弊事，肯将衰朽惜残年！
云横秦岭家何在？雪拥蓝关马不前。
知汝远来应有意，好收吾骨瘴江边。

韩愈晚年上书《论佛骨表》，极力劝阻皇帝（唐宪宗）迎佛骨入大内，触犯了龙威，差一点儿被处死，经人说情，才由刑部侍郎贬为潮州刺史。韩愈离开京师行至蓝关（现在的陕西蓝田县）时，他的侄孙韩湘赶来同行。韩愈此时悲愤交加、情难自已，慷慨激昂地写下了这首七律名篇。

这首诗的情感是深沉厚重的，形象是悲壮苍凉的，格调是沉郁顿挫的。

首联开门见山，直写被贬的原因。速度稍慢，“朝奏”和“潮州”两处要略加突出，以点明获罪的原因和被贬的地点。

三四句申述了自己忠而获罪和非罪远谪的愤慨，老而弥坚，刚正不阿。语速加快，语势上扬，“弊”、“残”二字要读出重音。

五六句即景抒情，悲壮苍凉。“家何在”语势上扬，语气加重，以显示其伤怀国事、进忠不能的愤慨之情。这之后有一个大的心理停顿，然后用下降的语势读出第六句，“马不前”三字要低而慢，以表现其英雄失路之悲痛。

最后两句向侄孙从容交代后事，沉痛而稳重。七句低起，“意”字上扬，稍加强调，八句低沉缓慢，“骨”字落重音，稍拖长，“瘴江边”语势下落，字字顿挫。

沁　园　春

长　沙

1925年

毛泽东

独立寒秋，湘江北去，橘子洲头。看万山红遍，层林尽染；漫江碧透，百舸争流。鹰击长空，鱼翔浅底，万类霜天竞自由。怅寥廓，问苍茫大地，谁主沉浮？　携来百侣曾游，忆往昔峥嵘岁月稠。恰同学少年，风华正茂；书生意气，挥斥方遒。指点江山，激扬文字，粪土当年万户侯。曾记否，到中流击水，浪遏飞舟？

这首词通过长沙深秋景色的描绘和往昔革命斗争历程的回忆，表现了毛泽东同志及其战友对国家命运、革命前途的关切和激流勇进的革命斗争精神。景物形象生动，情感热烈激荡，词风刚劲豪放。

词分上下两阕。

上阕，描绘一幅鲜艳明丽、生机勃勃的深秋美景图，从而提出“谁主沉浮”的问题。分三层。

第一层，“独立寒秋，湘江北去，橘子洲头”点明了时间、地点和游人。朗诵时语调庄重平稳，树立起诗人卓然而立的高大形象。

第二层，从“看万山红遍”至“万类霜天竞自由”，描绘出南国绚丽多彩的深秋景色。“看”字总领七句，分别为山上景、水面景、天空景和水中景。朗诵时，“看”字后面要有一个较长的停顿，以显示其总领关系。下面两两一组。“万山红遍，层林尽染”，语速慢，语调舒展，“遍”字要上扬，拖长，“染”字也要拖长。“漫江碧透”以下逐渐加快加强，语势上扬，以增强动感，显示活力，“万类”后稍顿，然后放慢速度，“竞自由”三字高亢有力。注意“万类霜天竞自由”这一句的断句。这是个主谓句，“万类”是主语，以下是谓语，要在主谓之间断句，决不能按上四下三，把“万类霜天”连读。

第三层，“怅寥廓，问苍茫大地，谁主沉浮”是对社会现状的严重不满和要改变现状的决心。语速是慢—快—慢，声调是由低向高，顶峰在“谁”字上，语气凝重有力。

下阕，回忆青少年时期的革命活动，激励同志们继续发扬激流勇进的精神，夺取革命胜利。也是三层。

第一层，“携来百侣曾游，忆往昔峥嵘岁月稠”概写往事。

语气舒展平和。

第二层，从“恰同学少年”至“粪土当年万户侯”写同学们的精神面貌、革命活动和志趣。“恰”字统领前面四句，在它后面停一下，其所领四句要读得连贯流畅、干脆有力。后面三句更加有力，速度比前四句还要加快，到“粪土”之后再放慢。整个这一层要一气贯通、铿锵有力。注意：“粪土”后面要断句，把“当年万户侯”组合成一个整体，千万不能把“粪土”和“当年”先组合。

第三层，“曾记否，到中流击水，浪遏飞舟”借回忆游泳的情况，表现同学们的精神和力量。要读得既亲切热情又坚强有力。起句要轻而慢，二句加快上扬，到“水”字又放慢，拖长，最后一句，慢，高，强，“遏”字要通过音高、音强、音长和停顿等手段突出加以强调。

这首词是“由求”辙，一韵到底，平仄也很讲究，节奏鲜明，音乐感强，朗诵时要注意充分体现。

小木屋搬走了

吕贵品

她对着大山
呼唤一个男人的名字
她永远也忘不了她呼唤的男人
尽管只见过一次面

那是一个多雪的冬天
雪盖住了整个大山
她迷路了

恐惧是满天雪花
冰凉而默默地飘落下来

她拼命呼喊着人
他出现了
他是一个人
反而更增加了她的恐惧
他是一个粗大的男人

她有一种感觉
那比死亡还坏的事就要发生

他把她带进一间小木屋
那是一个男人的世界
墙上钉满兽皮
还挂着一把猎枪

那一夜男人守在门外
炉火一直在微笑
她没想到能睡了很好的一觉

当那个男人
把她送走的时候
红着脸说出了自己的名字
还说应该理解他
他不是那种男人

春天

她准备把自己交给那个男人
却找不到他
小木屋已经搬走了

她急得流泪
对着大山
呼唤一个男人的名字

这是一首叙事小诗，说的是一个在雪夜深山迷路的女人，受到一个男人关照、保护的事，深情地歌颂了人性美和人情美。情感是强烈而又含蓄的，意境是深沉淡雅的，基调是质朴哀婉的。

全诗分成三个部分。第一、二两节为第一部分，说的是一位女人到大山里来找一位男人。最后两节为第三部分，与第一部分紧密呼应，说的是小木屋搬走了，找不到那个男人了，她很难过。中间部分是“过去时”，写那个男人关照、保护那个女人的经过，也就是交代她来寻找他的原因。

第一节速度要慢，声调要高，“男人”这个重音要突出，以便引起听者的注意。第二节，稍快，稍低，等于是对第一节的注释。这第一部分要给人造成一种悬念——她为什么永远也忘不了他，要到大山里来呼唤他？

从第三节开始至第八节是对上述问题的回答，要交代清楚。第三节语气相对较为平和，交代清楚她迷路了，感到恐惧就行了。第四节前三句速度较慢，给听者造成心理期待，后两句加快，语气紧张，主要重音在第三句的“一个”上。第五节要紧接第四节，语速更快，语气更紧张，“那比死亡还坏的事”要强调出来，以揭示出那女人极度恐惧的心理。第六节又转为平和，交代男人的身份。第七节是一个逆转，前两句速度慢，语气亲切柔和，表现男人对女人的关爱之情，第三句语速加快，语调上扬，表达女人激动的心情。这一节中的“外”字很重要，一定要读好。第八节语调亲切自然，体现男人的质朴、真诚和善良。

第八节之后要有一个大的停顿，以体现时态的转换。第九节第一句稍快，上扬，高峰在“交给”，第二、三句越来越慢，越来越低，以表现女人失望的心情。最后一节也比较慢，比较低沉，表现女人惆怅、哀婉的情怀。

春耕的时候

郑　敏

这里有一块土地。

一个住在花园里的人走来，看了看，说：“铺满了砖头、石砾，太费事了，我们还是回到自己的花园里去吧。”

一个在寻找耕地的人走来，他跪下，捧起瓦砾下的泥土，看了看，说：

“行，咱们干吧，今夏就有瓜、豆和月季花了！”

一个魔术师来了，他戏剧性地喊道：

“请相信我吧，我能让土地长出黄金的叶子、宝石的花朵、白银的瓜果。我们就要富了！富了！谁也不需要劳动了，好日子就在门口了。”

人们回家去查了查历史。他们说，让第二个人来吧，咱们和他一起耕种这块土地，因为他是一个真正有理想的人。

这是一首散文诗。这首诗通过三种人对待土地的不同态度，告诉人们，理想的实现要靠扎实的工作和辛勤的劳动。这首诗的朗诵主要在于三种人语气的区分。第一种人和第三种人都不是真正有理想的人，表现他们都是用否定的语气。但两种人表现形式又不一样，第一种人害怕艰苦，逃避困难，用懒洋洋的软调子来表现。第三种人是口头革命派，“天桥把式光说不练”，用油滑的、飘浮的语气来表现。第二种人是真正有理想的人，要用扎实的、坚定有力的语气来表现。朗诵的时候要有鲜明的形象感受，特别是第二种人，他那种科学态度，他那种认真的精神，他那种高昂的斗志，都要通过我们的声音很好地表现出来。诗的最后一段是人们的判断和选择，语气要沉稳、厚重，两个重音“第二”和“真正”要读好。

第二节　散文的朗诵

一、什么是散文

散文是与诗歌、小说、剧本等并列的文学样式，是在题材、内容上极为广阔，在表现形式、表现手法上极为自由的一种文学体裁。它的特点是“散而不乱”，“散而有致”，“形散神聚”，是文学中的“醉拳”。所谓“形散”，是指材料可以古今中外、天南地北，结构灵活多样、不拘一格。所谓“神聚”，是指立意深远，主题集中。散文，既撒得开，又收得拢。

二、散文朗诵的基本要求

（一）细心体味，读出感悟

感悟，是对事物的特殊意义和美质的发现，是散文的思想、意味之本。散文偏重于主观感受，真情实感被视为散文的生命。杨朔的《荔枝蜜》，以蜂喻人，表达了对劳动人民、对美好生活的深情。伊人的《启示的启示》，从观察一只虫子爬墙中感悟到对问题辩证思考的重要意义。袁鹰的《井冈翠竹》，从普通的毛竹思考到井冈山人民献身革命与建设的崇高精神品质。我们要细心体味，把作者的感悟很好地表达出来。

（二）理清脉络，形散神聚

散文从表面上看，形式上看，比较松散，自由，它运笔如风，不拘成法，似乎散漫无章。但是，它的“神”是始终不散的，是首尾一贯的，是表现作者一定的思想感情的。例如秦牧的散文《社稷坛抒情》，是既“散”又“博”的，然而，尽管它天上地下，古今中外，包罗万象，却始终围绕着“歌颂赞美养育我们的土地和创造我们伟大民族文化历史的劳动人民”这一主题思想。一定要注意抓住中心，把握住思想感情发展的脉络，以“神”统“形”，形散神聚。就是用主题思想这根红线把材料串联起来，形成一个有机的整体。先说什么，后说什么，怎样过渡，怎样衔接，哪里是一般，哪里是重点，什么是主要材料，什么是次要材料，等等，都要搞清楚，做到心中有数。要善于抓住作者的行文线索，用这根线把零散的“珍珠”（材料）穿起来，使之成为一串光彩夺目的珠圈、项链。

（三）语言灵活，朴实自然

散文，有侧重叙事的，有侧重抒情的，有侧重说理的，叙述、描写、议论、抒情，多种手法都会碰到，朗诵时要灵活多变、丰富多彩。叙述，清楚明白、通畅自然；描写，具体逼真、形象生动；议论，有感而发、中肯精当；抒情，真挚饱满、含蓄动人。散文朗诵一定要朴实自然，给人以贴近感、亲切感，千万不可装腔作势、拿腔拿调。

下面我们具体分析两篇作品。

岳阳楼记

范仲淹

庆历四年春，滕子京谪守巴陵郡。越明年，政通人和，百废具兴。乃重修岳阳楼，增其旧制，刻唐贤、今人诗赋于其上。属予作文以记之。

予观夫巴陵胜状，在洞庭一湖。衔远山，吞长江，浩浩汤汤，横无际涯；朝晖夕阴，气象万千。此则岳阳楼之大观也。前人之述备矣。然则北通巫峡，南极潇湘，迁客骚人，多会于此，览物之情，得无异乎？

若夫霪雨霏霏，连月不开，阴风怒号，浊浪排空；日星隐耀，山岳潜形；商旅不行，樯倾楫摧；薄暮冥冥，虎啸猿啼。登斯楼也，则有去国怀乡，忧谗畏讥，满目萧然，感极而悲者矣。

至若春和景明，波澜不惊，上下天光，一碧万顷；沙鸥翔集，锦鳞游泳；岸芷汀兰，郁郁青青。而或长烟一空，皓月千里，浮光跃金，静影沉璧，渔歌互答，此乐何极！登斯楼也，则有心旷神怡，宠辱偕忘，把酒临风，其喜洋洋者矣。

嗟夫！予尝求古仁人之心，或异二者之为，何哉？不以物喜，不以己悲；居庙堂之高，则忧其民；处江湖之远，则忧其君。是进亦忧，退亦忧。然则何时而乐耶？其必曰“先天下之忧而忧，后天下之乐而乐”乎。噫！微斯人，吾谁与归？

时六年九月十五日。

这是一篇优秀的古代散文。它通过对洞庭湖的不同景物和人们登楼时的不同心情的描写，抒发了作者“不以物喜，不以己悲”的襟怀，表达了作者“先天下之忧而忧，后天下之乐而乐”的崇高的思想境界。叙事、写景、抒情、议论巧妙结合，融为一体，简明扼要，形象生动，真切感人。

整个作品分为四个部分：第一部分（第一自然段），简述重修岳阳楼的经过。第二部分（第二、三、四自然段），写岳阳楼之大观（胜状）、一“阴”一“晴”两种景象和或悲或喜的两种情感。第三部分（第五自然段），明确提出“忧”、“乐”主张，点明主题，是本文的重点。第四部分（最后一个自然段），交代写文时间。

朗诵这篇散文要紧紧抓住情感发展这根红线，突出忧乐观。

第一段，叙事，语气平和，声调自然。

第二段，写巴陵胜状，语气要舒展、开阔，以显示其“大观”。但不能过，“此则岳阳楼之大观也”、“前人之述备矣”这两句，声调不能高，语气不能重。因为这一段的重点在后边。从“然则”开始，语气逐渐上扬，突出“览物之情，得无异乎”。“异”字是重音，要拖长、抬高、加重。

第三段，写萧条冷落的景象和悲伤的情感，语速较慢，语调比较低沉，“悲”字是主要重音。

第四段，写“晴”的景象和“喜”的情感，语气喜悦明快、热情爽朗。“喜”字突出，与前面的“悲”形成对照。

第五段，主要是议论，要突出作者的观点。“不以物喜，不以己悲；居庙堂之高，则忧其民；处江湖之远，则忧其君。”“先天下之忧而忧，后天下之乐而乐”这样的重点语句，要读得鲜明突出。

第六段，交代写作时间，平和，自然。

还有两点要注意：

第一，文中运用了许多排比句和对偶句，语言整齐匀称，朗诵时要处理好，以便增强表达效果。

第二，注意通假字的读音。
“属予作文以记之”的“属”通“嘱”，要读 zhǔ。
“至若春和景明”的“景”通“影”，要读 yǐng。
“宠辱偕忘”的“偕”通“皆”，要读 jiē。
“百废具兴”的“具”也是通假字，读音与“俱”相同。

麻　雀

屠格涅夫

我打猎回来，沿着花园的阴路行走，我的狗跑在我的前面。

忽然，它缩短步伐，开始潜行，似乎在寻觅猎物。

我沿着阴路望去，见有一只嘴部嫩黄、头生柔毛的小麻雀。它是从巢中掉下来的（因为风势很猛，正狂摇着路旁的桦树），立着不能动弹，失望地拍拍尚未丰满的羽翼。

我的狗慢慢地走近它。这时，突然从身旁的树上落下一只毛色灰黑的老麻雀，势如飞石一般，正投到狗的鼻前来。它惊惶万状，倒竖起全身的羽毛，发出绝望而哀求的叫声，两次投向那齿牙发光的张大的口边。

它为救护而来，用它自己的身体庇护自己的小雀儿……但它整个的小身体面对恐怖而战斗了！它的音调哽咽而怪异。它虽恐怖失神，却还是愿意牺牲自己。

在它看来，这狗是多么庞大的怪物啊！但它不能因为有危险，就高高地躲在树枝上…… 有一种比它的自卫本能更强的力，使它扑下身来。

我的铁莱莎（狗名）呆呆地立住了…… 显然也认

识了这种力。

我急忙唤回了这惊愕的狗，而且怀着敬意走开了。

是啊，请勿见笑，我怀着敬意——对于那悲壮的小鸟，对于它那爱子的冲动。

爱，我想比死或比死的恐怖更强烈。全靠这个，全靠爱，物类的生命才得团结而进步。

作者写了一个很小的生活片断——打猎回家路上碰到的一件事。老麻雀为了救护自己的小雀儿，冒着生命危险与狗搏斗。读这篇散文，我们感悟到了什么呢？感悟到了爱的力量。你看，有了对幼子的爱，老麻雀连死都不怕，敢于跟狗搏斗。作者崇敬“那悲壮的小鸟”和“它那爱子的冲动”。作者为我们揭示出一个发人深思的哲理：爱，比死或比死的恐怖更加强烈，依靠爱，生命才能维持下去，发展下去。

文章可分成两大部分。第一部分写打猎回家的路上碰到的一件事，第二部分写由这件事引发的感悟。第一部分又分成三个层次：第一层，一至三自然段——幼子遇险。第二层，四、五、六三个自然段——舍身救护。第三层，七、八两个自然段——救护成功。第二层是重点，通过老麻雀与狗的生死搏斗，歌颂了老麻雀的精神，歌颂了爱的力量。

朗诵这篇作品，要怀着对老麻雀崇敬的心情，语气要热情、激动、有力。不可无动于衷，轻描淡写。三个层次又有变化。第一层平和、亲切。第二层激动、有力。第三层深沉、徐缓。

具体来说，第一自然段，平和叙述，速度适中。第二自然段，惊异，提高，加快。第三自然段，观察，怜悯，稍慢，亲切。第四自然段，第一句，慢，稍低，但语气较紧张。第二、三句，快，高，有力，“老麻雀”、“飞石”两个重音要突出。第五、六自然段，议论，是文章重点所在，语气热情，激动，有力。第五自然段的中间两句，稍低，稍轻，稍柔，后面一句又扬起，加重。第六段开头一句稍低，“但”以后语势上扬，语速加快，语气加重，特别是“比它的自卫本能更强的力”这个词组，要突出加以强调，以表现对老麻雀的肯定、赞扬之情。第七、八两自然段，语势转缓，“敬意”这个重音要强调出来。最后两段完全是议论，感情真挚，语气厚重，有力。“爱，我想比死或比死的恐怖更强烈。”这一句集中表达了作者的感悟，一定要强调出来。

第三节　寓言的朗诵

寓言是借简单故事以寄托某种哲理的文学作品，大多起源于民间，是民间故事中带有明显教训意味的小故事。当然也有作家创作、改编的。它的手法是借此寓彼，以故事寓哲理，比喻性是其突出特点。哲理性强，形象生动，短小精悍，深受欢迎。寓言主要包括以人物形象为主的人物寓言和以动物形象为主的动物寓言两种。前者如《刻舟求剑》、《守株待兔》，后者如《龟兔赛跑》、《黔驴技穷》。

寓言朗诵的基本要求：

（一）鲜明的倾向性

是非、善恶、美丑，清楚分明，毫不含糊，并通过声音鲜明地体现出来。

（二）用“理”贯穿全篇

寓言是设喻明理，意立于言先，理明于象前。一定要紧紧抓住作者所要明的这个理，用以贯穿全篇，使朗诵的有声语言富于启发性、暗示性，理在象中，借象明理。如，《揠苗助长》告诉人们，无论做什么事情都得尊重科学，按客观规律办事，千万别干违反科学的蠢事。《狐假虎威》辛辣地讽刺了那些仗势欺人的人。《狼与牧人》（伊索寓言）告诉人们，不要轻易地相信坏人的话，否则会上当受骗。《山羊与驴子》（伊索寓言）警告人们，不安好心，陷害别人，是没有好下场的。

（三）语言形象生动

寓言故事的主人，多半是人格化了的动物、植物或自然界其他东西和现象，寓言故事一般都比较形象生动。寓言实际上不是“诵”，而是“讲”，语言要亲切自然、活泼生动，要活龙活现地把故事中的形象表现出来。要注意不同形象声音上的变化，主要是“神似”，也要适当注意“声似”，可以有一定的声音造型。例如，表现大象和狮子、老虎等体形大的动物和老树等植物，声音可以粗犷些、雄浑些。表现小白兔、小松鼠等小动物和小草等植物，声音则要纤细些、稚嫩些。请注意，我们说的“一定”的声音造型，不要过分。形象之间的对话主要还是“转述”，而不是“扮演”。过分地拿腔拿调，反而弄巧成拙，令人生厌。

下面结合实例进行具体说明。

老鼠报恩

非洲大草原上，百兽之王狮子正在睡午觉。一只老鼠正在附近寻找食物，找啊找啊，不知不觉走进狮子的鬃毛里，他还以为是在草丛里呢！

狮子被吵醒了，一把抓住了小老鼠：“你好大胆子，竟敢吵醒我狮子的午觉，我要吃了你！”

小老鼠求饶道：“狮子大王，我是不小心才吵醒了您的午觉，您要是饶了我，以后我一定要报答您。”

狮子笑道：“我是百兽之王，力大无比，你这么小，怎么报答我呢？你走吧，我倒想看看你怎样实现诺言。”说完，他放开了小老鼠。小老鼠感激地离开了。

第二天下午，狮子正在找食物，突然发现前面有一块又大又肥的肉，他扑上去张口咬住了那块肉。说时迟，那时快，一张大网落下来，狮子被网住了。原来这是猎人设的一个陷阱！狮子拼命挣扎，可怎么也没法挣脱。他泪流满面，长叹一声："想不到我这百兽之王，会在这里丢了性命！""狮子大王，我来救你。"旁边传来细小的声音。狮子低头一看，原来是只小老鼠。小老鼠张开嘴去咬网绳，好厉害的牙齿啊，很快网就咬破了。狮子从网里钻出来，他又自由了。狮子问那只小老鼠："你为什么要救我啊？"

小老鼠答道："你忘了吗，我就是昨天得罪了你的小老鼠啊！我说过要报答您。今天，我终于实现了自己的诺言。"

"没想到你也能救我的命，真是太谢谢你了，以后咱们做个好朋友吧！""好啊！"小老鼠回答道。

狮子和小老鼠高高兴兴地离开了。

《伊索寓言》

这则寓言通过狮子、老鼠一放一救的故事，告诉人们，人活在世上是离不开别人的，尺有所短，寸有所长，每个人都有自己的长处和短处，不管有多大本事，也不能轻视别人，要互相尊重、互相帮助，取长补短、团结共进。

故事写了狮子和老鼠两个形象，反差强烈，对比鲜明。重点是狮子的思想转变：一开始他看不起小老鼠，以为他没用，当小老鼠救了他以后，他转变了，认识到小老鼠也是有用的，并愿意和小老鼠做朋友。狮子高大威猛，朗诵时声音要粗犷浑厚。小老鼠娇小灵活，声音要稚嫩轻快。整个故事分成两大部分。前五个自然段为第一部分，狮子放了小老鼠，要看看小老鼠怎样报答。后四个自然段为第二部分，小老鼠救了狮子，实现了自己的诺言。这一部分是重点，其中第六自然段是重点段落。

第一、二自然段，语气平和，亲切。第三自然段，狮子的话要粗硬，以表现其气势汹汹，不可一世。“我要吃了你”这句话要加重。第四自然段，速度稍快，用害怕、求饶的语气，“报答”这个重音要强调出来。第五自然段，用轻蔑、傲慢的语气，表现出狮子对小老鼠的轻视和不信任。“我倒想看看你怎样实现诺言”这句话要强调，前半句快，“看看”后面停顿一下，后半句稍慢，“怎样”这个重音要强调。第六自然段，开头几句，语势较为平缓，“说时迟……被网住了”，语势加快、上扬，显出紧张气氛。“原来”句是解释，稍慢，稍低。以下几句也要慢而低，以表现狮子的难过之情。“狮子大王，我来救你。”小老鼠的话要高而快，以表现小老鼠来得突然、来得及时和他的坚决果断。第七自然段，高而轻快，表现出小老鼠的喜悦。“得罪”一词要放重音。第八自然段，狮子的话，语气要真挚、激动，以显示其认识的转变。最后一段，语调要喜悦、开朗。

乌龟与大象

一只小乌龟，骨骼十分坚硬，野兔、刺猬之类的小动物站在它身上，不但不会被压垮，还能走动。野兔们称它为“大力士”。它也自吹自擂地说：“你们太轻了，踏在我身上简直像一片鸿毛！”

“那你能负担多重呢？”野兔问。

小乌龟想了想说：“听说我们的祖先能把大山驮到海里去。我驮不了大山，但驮你们却不在话下。”

“那你能驮得动大象吗？”

“它有多重？”

“一般的也有一两吨重吧。”

“轻而易举，让它来吧!”

恰好一头大象路过这里，听到小乌龟的大话，哈哈地笑着说：“这倒是件新鲜事。我们大象能驮别的东西，可从来没听说有谁能驮我们的，如今我倒要看看你这个小东西的本领。”

小乌龟瞥了大象一眼，大象真像一座山；可是小乌龟的傲气比山还要大。它说：“好吧，我要让你看看谁的本领大。你到我的背上来吧!”说着，它挺了挺身架。

大象的一只脚刚踏上小乌龟的背，只听“咔嚓”一声，可怜不自量力的小乌龟就这样结束了生命。

这篇寓言通过小乌龟的形象告诉人们这样一个道理：骄兵必败。

小乌龟不知天高地厚，盲目骄傲自大，这是很不好的，要否定它，讽刺它，朗诵时要坚持这种态度。要牢牢抓住“骄兵必败”这个“理”，把它贯穿始终。

三个形象要非常鲜明，通过朗诵的语气和适当的声音造型揭示它们的个性。

小乌龟孤陋寡闻，夜郎自大，表现它时用傲慢、自负的语气和高而飘的声音造型。“你们太轻了，踏在我身上简直像一片鸿毛!”“太”字用夸张的手法加以突出，“简直”后面停顿，然后用快速上扬的声调读“一片鸿毛”，显示它那傲慢的神态和不可一世的表情。“听说我们的祖先能把大山驮到海里去，我驮不了大山，但驮你们却不在话下。”“大山”和“你们”两个重音要加以强调，特别是“山”字要挑高拖长，表现它夸耀、自得的神态。“轻而易举，让它来吧!”要读得轻松、自在。“好吧，我要让你看看谁的本领大。你到我的背上来吧!”这几句要故意说得轻飘飘，最后一句又轻又快，以显示其故作镇静以掩饰其内心矛盾的情态。

小白兔的话要用羡慕、诚挚、好奇的语气，声音造型纤细、轻柔、稚嫩。

大象的声音造型是厚实、粗犷，可略带笑声。

小乌龟的言行令人发笑，小乌龟的下场又叫人可怜，最后一段要用关切、惋惜的语气来读，千万不可幸灾乐祸。“咔嚓一声”，令人揪心，最后这几句要深沉、缓慢，让人去思考、回味，给人以启迪。

第四节 小说的朗诵

一、小说的特点

小说是文学的一大样式。借助艺术的虚构，以叙述为主，具体表现人物在一定环境中的相互关系、行动和事件以及相应的心理状态、意识流动等，从不同角度反映社会生活。通过完整的故事情节对人物的关系、命运、性格、行为、思想、情感、心理状态以及人物活动的环境进行具体的艺术描写，是小说的基本特征。在各种文学样式中，表现手法最丰富，表现方式也最灵活，叙述、描写、抒情、议论等多种手法可以并用，也可以有所侧重；一般以塑造人物形象为基本手段。

小说按内容容量可分为长篇、中篇和短篇，近些年，微型小说（又名小小说，超短篇小说，是界于短篇小说和散文之间的一种边缘性的现代新兴文学体裁）逐渐盛行起来。以题材而论，小说可分为社会生活小说、言情小说、侦探小说、武侠小说等。以形式结构而论，有章回体、评话体、新体等。

二、小说朗诵的基本要求

（一）注意展现情节

故事情节是小说的第一要素，没有故事情节就没有小说。情节反映人物关系、人物命运的变化。情节也是人物性格的历史，是展现人物性格、行为、思想、感情和各种心理状态的重要手段。同时，情节也是展现人物环境的必要条件。小说的情节一般通过描写人物思想性格和情感欲望的冲突以及由此而引起的人物关系、人物命运的变化来展现。要抓住线索、理清头绪，来龙去脉、前因后果要交代清楚。特别是要抓住主要的矛盾冲突和关键性的情节，着力表现好，造成悬念，吸引听者。古代章回小说往往是在关键的地方停下来，要你“且听下回分解”，逼着你非听下去不可。

（二）注意人物的刻画

人物的完整性格和形象的刻画，是小说的另一要素。刻画人物，除了故事情节，就是对人物外貌、心理、行为的直接描写，这些要表现好。另外，对话也是表现人物思想感情的一个重要方面，要把对话读好。读好对话的一个重要原则是“转述”，而不是“扮演”。主要是告诉人家他说了些“什么”，而不是着重他是“怎样”说的。主要是求“神似”，也就是通过说话把人物的内心世界揭示出来。当然，也要适当注意“声似”，以便区分不同的人物。可以根据人物的不同性格、情绪、身份、年龄等具体情况来处理朗诵的声音。一般来说，年纪大的、性格内向的、情绪低落的，说话的声音低沉些，阴暗些，语速也慢些；年轻的、性格外向的、情绪高涨的，说话的声音高昂些，明亮些，语速要快些。

（三）注意环境的描写

对人的生活环境，特别是社会环境的具体描写，也是小说不可缺少的一个要素。朗诵时要注意运用不同的声音来表现不同的环境、不同的场面。紧张激烈的，悲壮凝重的，平静轻松的，在气息、音色、语气、节奏上应有区别。

下面我们用张扬的《第二次握手》的片段加以具体说明。

叶玉菡去厨房忙了一阵，在餐室里摆了满桌的饭菜，连酒都斟好了，孩子们也都端坐在桌边，却不见苏冠兰出来。她有点纳闷，将一壶准备泡茶的水放上火炉后，便走到书房门口，伸进头去看了一眼。当她看到丈夫在沙发旁的窗前，一动不动地望着窗外的神态时，不禁轻声叫道：

“冠兰，你怎么了?”

苏冠兰像泥塑人一般凝立着，一动不动，仿佛什么也没听见。

“咦，是怎么一回事?”玉菡微感惊愕。她想了想，回身关上书房门，匆匆穿过小餐厅，拉开通向小院的门，蓦然看见了不相识的来客。

“啊！您……”玉菡急忙在围裙上擦擦手，迎上前去。

客人显然感到意外，她迅速打量了叶玉菡一眼，勉强笑笑说：“请问，苏冠兰先生是住在这儿吗?”

“是啊，您是他的同事吧?”叶玉菡热情地拉着女客人的手，连声道，“他刚到家，您来得正巧，快请进来坐吧。”

“哦，不，不……”客人却一动也不动，她看看叶玉菡，又看看玉菡身后的房门。

“哎呀，都到门口了，怎么能不进屋呢。”玉菡热情邀请说。

“谢谢您，我，我今天不进去了……”女客人将手从玉菡手中抽回去，摇摇头说，“我还有其他事情要办，以后有了机会，再说吧。”

“看您说的，再要紧的事，进屋去坐一会儿，也耽搁不了啊。”女主人满脸笑意，一迭连声地恳切挽留着，可是，她的盛情并没能打动执拗而神秘的来客。客人已经转身步下台阶了。

“冠兰已经看见了这位女客人，也显然在听着我和她的对话，可是他为什么不肯露面？……这位客人为什么不愿进房里去？”叶玉菡的脑海中划上了一系列问号，她感到这里面一定含有某种不寻常的因素。她没有回身去找苏冠兰，却竭力说服女客人留下来。

客人已经走到小院中，她头也不回地朝大门走去。她的脚步缓慢，却很坚定，看来无论是热情的女主人，还是任何其他力量，都无法使这位奇异的女客人留在这小巷深处的四合院里了。玉菡仍然凭着她热情而善良的本性在执意挽留。可是，她也辨不清自己是在挽留客人，还是在为客人送行。作为一位经验丰富的病毒学者，她善于探索原生质这种最基本的生命形态的种种最细微的结构，可是，她那周密的头脑和细致的目力，此刻竟也弄不清面前发生着什么情形。在不知不觉中，她已经伴随着女客人来到了大门口。

客人停下脚步，站在大门外。她默默地抬起目光，微微皱起眉心，凝视着西边天际的最后一抹夕晖。茫茫的夜幕已经降临首都的天空，前门城楼的巍峨身影也沉浸在无边的夜色中。夜色似乎也给女客人白皙端庄的面庞镀上一层淡淡的阴影，只有那远远近近的灯火，使她那双俊美的凤眼熠熠闪光……

“您真的不能进屋坐坐吗?”叶玉菡的眼睛流露出真诚的、善意的惋惜神情，仍然试图作最后的努力。

“不，谢谢。以后，有了机会，再说吧……”女客人依然凝视着西边天际。在一片苍茫暮曛之中，她的面影格外显得像大理石女神雕像般的皎洁、冷漠。

“您住在哪儿?”叶玉菡关切地问，“回头我叫他上您家去看望您。”

“家?”女客人重复了一下这个简单的字眼，神情显得是那么迷惘、凄凉。她沉默了片刻，摇摇头，用微微颤抖的语音低声说，“我，没有家，我从来就……没有家。”

大概是女客人的神情和语调感染了叶玉菡，她觉得自己的心脏紧缩了一下。她凭着女性的本能，敏锐地发觉客人在冷漠的外表下，正用顽强的毅力在压抑着内心深处某种强烈而复杂的痛楚。

“请问，您……”女客人略微偏过头，紧盯住叶玉菡和蔼的、圆圆的眼睛，犹豫片刻以后，像是下了很大的决心似的轻声问道，“您是他——是苏冠兰的夫人吗?”

“是的。”玉菡茫然地点点头。

晚风吹过一股浓重的寒气，四合院里，海棠树上落下的残叶在灰砖地上沙沙作响。女客人浑身轻轻一颤，美丽的凤眼中刚刚闪出的光芒，又倏地熄灭了。

“噢，您多幸福啊……”女客人几乎令人觉察不出地叹息了一声，一秒钟之后，她仿佛从睡梦中突然惊醒，带着一丝苦笑朝玉菡点点头，然后，转身朝小巷口走去。一会儿，那修长匀称的身影渐渐消失在苍茫夜色中……

这是一段表面叙事实则言情的文字。情节很简单。欢迎大会以后，丁洁琼在街上无意中发现了苏冠兰，她尾随着苏的汽车来到了苏所住的四合院，她在院中徘徊，苏冠兰看到了，但没有出来，叶玉菡出来打招呼，丁洁琼没有进屋，她离开了那里。朗诵这段作品，关键是要抓住情感线索，要表现出人物特别是丁洁琼的心理活动。三十年了，日思夜想的人马上就要见到了，丁洁琼的心情是多么激动啊！当她看到迎出来的是一位中年妇女时，她“感到意外”，心情变得忐忑不安；看着叶玉菡的举动，听着叶玉菡的话语，她的心越来越凉；到最后证实叶是苏的夫人时，她的心完全冷了，人好像掉在了冰窖里，在“近乎失去知觉的状况下”离开了苏家。

丁洁琼的心情是复杂的、痛苦的，说话的声音是低沉的、缓慢的、微弱的。心理停顿比较多。叶玉菡真挚、热情，说话的调子是爽朗的、明快的。景物环境的描写同样要注意紧扣人物的心情，声调较低，语速较慢。

总之，这是一段表面节奏平和徐缓而内心节奏却极为紧张激烈的文字，表达时一定要体现出这种外松内紧的特点，充分揭示人物的内心活动，表现出情感变化的层次。对丁洁琼打击最大的是两个地方。一是叶玉菡说“回头我叫他上您家去看望您”，这个“家”字深深地刺痛了丁洁琼的心。是啊，我回国来就是为了“家”，现在，“大家”有了，我多么希望还能有一个美满幸福的小家啊！然而……一定要很好地体验当时丁洁琼的心情，用痛楚的、迷惘的、低沉而微弱的声音说出“家？我没有家，我从来就……没有家”。二是，当她证实了叶是苏的夫人时，她的希望彻底破灭了，三十年的眷恋，三十年的等待，全都落空了，此时此刻，她的心是怎样地痛啊！在“玉菡茫然地点点头”之后作一个大的心理停顿，然后用深情的、低沉的语调结束最后两段文字。

泣血的签字

文　华

这天，医生在为一名产妇做剖腹产手术时，产妇的心脏出现了几次意外骤停，情况十分危险。护士急忙叫住守在手术室门前的那个男人，递过一个文件夹说："你爱人难产，母子俩我们只能保全一个，你是要大人还是要孩子？请在上面签字。"男人的脸顿时变得惨白，他想了一下，哽咽着说："我选孩子。"

两小时后,产妇产下一个健康男婴,但产妇因大出血而死亡。

男人痛苦地闭上双眼，深深地叹了一口气，然后交给护士一张小纸条："我有点急事，请帮我通知家里其他人。"说完匆匆离开了医院。

家属们很快赶到了。护士告诉他们，根据产妇爱人的意见，保住了孩子。一个男人忽然跳起来，歇斯底里地大喊道："胡说，我什么时候说过要孩子不要大人?"护士吓了一跳，这人根本不是那个签字的男人。她忙把文件夹拿出来，男人一把抢过，看了一眼，怒吼道："我叫徐国良，这李恒东是什么东西!"护士委屈地说："当时情况紧急，我们也无法判断他的身份，他说他是产妇的爱人，产妇也默认了。"徐国良懵了，一下蹲到了地上，嘴唇不住地哆嗦着。

李恒东是谁？烧成灰了徐国良也认识，他是妻子从前的追求者。妻子临产前为什么去找他？他也为什么要顶替自己签字？难道这个孩子和他有关…… 徐国良顿时脑袋发胀，怒火中烧，他猛地站起身，向门外冲去。

徐国良敲开李恒东的家门，李恒东说：“你来得正好，我要向你解释清楚。”“还有什么可解释的，你给我老婆偿命吧。”徐国良猛地抽出一把西瓜刀，狠狠地扎向李恒东的腹部……

徐国良径直去了公安局。幸运的是李恒东并没死。他醒来后的第一件事，就是托人给看守所里的徐国良送来一封信，信竟然是徐国良的妻子写的——

国良，也许我不该瞒你，结婚前我就有严重的先天性心脏病，医生说我最多还有五年的时间。我很想给你生个孩子，可平安生产的几率几乎是零。我知道，在我和孩子之间，你是不会选择孩子的，所以我找到李恒东，请他替你签字…… 感谢你给了我一段无比幸福的时光，这个孩子是我送给你的——最珍贵的礼物！

（选自《微型小说选刊》2002.7）

这篇微型小说篇幅短小，但“肝胆俱全”。人物形象鲜明，故事情节生动，环境交代清楚。小说围绕“签字”这一主要情节，展开人物之间的矛盾冲突，歌颂了妻子美好善良的心灵和李恒东乐于助人的品德。

朗诵时要紧紧抓住“签字”这个情节造成悬念，吸引人非听下去不可。为什么不让自己的丈夫签字，而让另外一个男人签字？为什么不保大人而保孩子？让徐国良对李恒东的误解越来越深，把矛盾冲突推向高潮。要表达好徐国良看了签字以后的心理活动和他刺杀李恒东的举动。三个主要人物区分要鲜明。丈夫徐国良深爱妻子，但性情暴躁，行为鲁莽，他的话，气粗声硬，语速较快，声调较高。妻子贤良温顺，她也深爱自己的丈夫，但疾病迫使她不得不作出牺牲自己的选择，她很痛苦，但也很坦然。读最后一段——她给丈夫的信时，感情是真挚深厚的，语气是亲切柔和的，语势是平静舒缓的。李恒东为人正直、忠诚，他也爱过徐的妻子，对于她的选择他是很痛苦的，他的话，声调是低沉的，语气是凝重的。

技巧训练

选择不同样式的文学作品进行朗诵练习。练习中注意，不要拿过来就念，要认真地看，认真地想，深刻理解，具体感受，切实体验，达到真正的“内化”，在“内化”的基础上练读。要注意“以情带声”，在情感运动的支配下发挥声音技巧的作用，千万不可脱离内容片面追求声音形式。要注意不同文体、不同作品在表达上的区别，不要千文一面、万部一腔。要注意循序渐进，由简而繁，由易而难。

下面我们提供一部分不同样式、不同题材的文学作品给大家，大家可以根据自己的实际情况，有选择地进行练习。

观书有感

朱　熹

半亩方塘一鉴开，天光云影共徘徊。
问渠那得清如许，为有源头活水来。

石灰吟

于　谦

千锤万击出深山，烈火焚烧若等闲。
粉身碎骨全不怕，要留清白在人间。

将进酒

李　白

君不见黄河之水天上来，奔流到海不复回。
君不见高堂明镜悲白发，朝如青丝暮成雪。
人生得意须尽欢，莫使金樽空对月。
天生我材必有用，千金散尽还复来。
烹羊宰牛且为乐，会须一饮三百杯。
岑夫子，丹丘生，将进酒，杯莫停。
与君歌一曲，请君为我侧耳听。
钟鼓馔玉不足贵，但愿长醉不复醒。
古来圣贤多寂寞，惟有饮者留其名。
陈王昔时宴平乐，斗酒十千恣欢谑。
主人何为言少钱，径须沽取对君酌。
五花马，千金裘，呼儿将出换美酒，
与尔同销万古愁。

行路难（其一）

李　白

金樽清酒斗十千，玉盘珍羞直万钱。
停杯投箸不能食，拔剑四顾心茫然。
欲渡黄河冰塞川，将登太行雪满山。
闲来垂钓碧溪上，忽复乘舟梦日边。
行路难，行路难！多歧路，今安在？
长风破浪会有时，直挂云帆济沧海。

茅屋为秋风所破歌

杜　甫

八月秋高风怒号，卷我屋上三重茅。
茅飞渡江洒江郊，高者挂罥长林梢，
下者飘转沉塘坳。
南村群童欺我老无力，忍能对面为盗贼！
公然抱茅入竹去，唇焦口燥呼不得！
归来倚杖自叹息。
俄顷风定云墨色，秋天漠漠向昏黑。
布衾多年冷似铁，娇儿恶卧踏里裂。
床头屋漏无干处，雨脚如麻未断绝。
自经丧乱少睡眠，长夜沾湿何由彻。
安得广厦千万间，大庇天下寒士俱欢颜，
风雨不动安如山！
呜呼！何时眼前突兀见此屋，吾庐独破受冻死亦足！

念奴娇·赤壁怀古

苏　轼

大江东去，浪淘尽，千古风流人物。故垒西边，人道是，三国周郎赤壁。乱石穿空，惊涛拍岸，卷起千堆雪。江山如画，一时多少豪杰。　遥想公瑾当年，小乔初嫁了，雄姿英发。羽扇纶巾，谈笑间，樯橹灰飞烟灭。故国神游，多情应笑我，早生华发。人生如梦，一樽还酹江月。

声声慢

李清照

寻寻觅觅，冷冷清清，凄凄惨惨戚戚。乍暖还寒时候，最难将息。三杯两盏淡酒，怎敌它晚来风急！雁过也，正伤心，却是旧时相识。　　满地黄花堆积，憔悴损，如今有谁堪摘？守着窗儿，独自怎生得黑！梧桐更兼细雨，到黄昏，点点滴滴。这次第，怎一个愁字了得！

钗头凤

陆游

红酥手，黄藤酒，满城春色宫墙柳。东风恶，欢情薄。一怀愁绪，几年离索。错！错！错！　　春如旧，人空瘦，泪痕红浥鲛绡透。桃花落，闲池阁。山盟虽在，锦书难托。莫！莫！莫！

钗头凤

唐琬

世情薄，人情恶，雨送黄昏花易落。晓风干，泪痕残。欲笺心事，独语斜阑。难，难，难！　　人成各，今非昨，病魂常似秋千索。角声寒，夜阑珊。怕人寻问，咽泪装欢。瞒，瞒，瞒！

沁园春·雪

毛泽东

北国风光，千里冰封，万里雪飘。望长城内外，惟余莽莽。大河上下，顿失滔滔。山舞银蛇，原驰蜡象，欲与天公试比高。须晴日，看红装素裹，分外妖娆。

江山如此多娇，引无数英雄竞折腰。惜秦皇汉武，略输文采；唐宗宋祖，稍逊风骚。一代天骄，成吉思汗，只识弯弓射大雕。俱往矣，数风流人物，还看今朝。

火　柴

叶文福

可怜一家子——
百十口，
挤在一间没有门窗的斗室
个个都渺小，
渺小得全家一个名字

但是，个个都正直——
站着是擎天柱的缩影
躺下是一行待燃的诗

每人都有一颗自己的头颅
每人，一生
只发言一次

光的发言，火的发言
燃烧的生命
高举鲜艳的旗帜

明知言罢即死，却前仆后继
谁都懂得，一次发言
是一生的宗旨，是神圣的天职

啊，火柴——
伟大的家族，英雄一家子
莫说渺小，个个都是战士

请　求

郑玛丽

妈妈，请放开你的
春天一样温暖的手
让我独个在坎坷的路中
磕磕碰碰向前走

别担心我会跌跤
即使摔破细嫩的皮肉
我也不会拉着你的衣角哭泣
在阳光或风雨里浑身发抖

妈妈，请你相信
我不是一只胆小的狗

在一次次摔跤之后
肩挑泰山也走得过九十九条沟

妈妈，亲爱的妈妈
请松开你慈惠的手
让我踩着坚实的土地
与一切困难一切胜利交朋友……

一棵开花的树

席慕蓉

如何让我遇见你
在我最美丽的时刻　　为这
我已在佛前　　求了五百年
求他让我们结一段尘缘

佛于是把我化作一棵树
长在你必经的路旁
阳光下慎重地开满了花
朵朵都是我前世的盼望

当你走近　　请你细听
那颤抖的叶是我等待的热情
而当你终于无视地走过
在你身后落了一地的
朋友啊　　那不是花瓣
是我凋零的心

致橡树

舒婷

我如果爱你——
绝不学攀援的凌霄花，
借你的高枝炫耀自己；
我如果爱你——
绝不学痴情的鸟儿，
为绿阴重复单调的歌曲；
也不只像泉源，
常年送来清凉的慰藉；
也不只像险峰，
增加你的高度，
衬托你的威仪。
甚至日光，
甚至春雨。
不，这些都还不够！
我必须是你近旁的一株木棉，
作为树的形象和你站在一起。
根，紧握在地下，
叶，相触在云里。
每一阵风过，我们都互相致意，
但没有人，
听懂我们的言语。
你有你的铜枝铁干，
像刀，像剑，
也像戟；

我有我的红色花朵，
像沉重的叹息，
又像英勇的火炬。
我们分担寒潮、风雷、霹雳，
我们共享雾霭、流岚、虹霓。
仿佛永远分离，
却又终身相依。
这才是伟大的爱情，
坚贞就在这里！
爱，不仅爱你伟岸的身躯，
也爱你坚持的位置，
足下的土地。

假如生活重新开头

邵燕祥

假如生活重新开头
我的旅伴，我的朋友——
还是迎着朝阳出发，
把长长的身影留在背后，
愉快地回头一挥手！

假如生活重新开头
我的旅伴，我的朋友——
依然是一条风雨的长途，
依然不知疲倦地奔走。
让我们紧紧地拉住手！

假如生活重新开头
我的旅伴，我的朋友——
我们仍旧要一齐举杯，
不管是甜酒还是苦酒。
忠实而信任最醇厚。

假如生活重新开头
我的旅伴，我的朋友——
还要唱那永远唱不完的歌，
在喉管没有被割断的时候。
该欢呼的欢呼，该诅咒的诅咒！

假如生活重新开头
我的旅伴，我的朋友——
他们不肯拯救自己的灵魂，
就留给上帝去拯救……
阳光下毕竟是白昼！

时间啊，时间不会倒流，
生活却能够重新开头。
莫说失去了很多很多，
我的旅伴，我的朋友——
明天比昨天更长久！

我对孩子说

孙静轩

一个小女孩站在20世纪的门口
睁大了又黑又亮的眼睛向我提问
“老爷爷，什么是历史?”
我说，孩子，最好不要问
回答你太沉重
真的，历史是个猜不透的谜
是一部读不懂的书
是一个没有入口也没有出口的隧道
是一首没有歌词的变奏曲
走你自己的路吧，你属于下一个世纪
所有的沉重由我们承担
对于你，对历史的无知
也许是最大的幸福

有　人

张　捷

有人用知识开门
门越来越多
有人用钥匙开门
一辈子还是那道门

有人面对风险

插上搏击的翅膀
有人遭遇艰苦
便脱下飞翔的鞋子

有人被历史打倒
但倒下去的是那段历史
有人被花绊倒
就再没有起来

有人用钱保护精神破碎
但灵魂赤字越来越大
有人活在精神世界
拥有物质不能代替的巨富

有人先哭后笑
有人先笑后哭
后哭的人
再没有笑的机会了

酒

艾 青

它是可爱的
具有火的性格
水的外形

它是欢乐的精灵

哪里有喜庆
就在哪里光临

它真是会逗啊
能让你说真话
掏出你的心

它能使你
忘掉痛苦
喜气盈盈

喝吧，为了胜利
喝吧，为了友谊
喝吧，为了爱情

可你要当心
当你在笑的时候
它会偷走你的理性

别以为它是水
会泼灭你的烦忧
它是泼在火上的油
能使聪明的更聪明
能使愚蠢的更愚蠢

偷光阴

于　沙

你听说过光阴被偷吗?
你见过光阴被偷吗?

你有过光阴被偷的事吗?
你相信光阴会被偷吗?

是的，应该坦白地告诉你，
光阴是完全可能被偷的。
也许，你的光阴已经被偷了，
而你，还蒙在鼓里呢。

那么，是谁有这么大的胆量，
连光阴也敢偷呢?
啊，这个江洋大盗，
名字就叫——懒惰

再别康桥

徐志摩

轻轻地我走了，
正如我轻轻地来；
我轻轻地招手，
作别西天的云彩。

那河畔的金柳，
是夕阳中的新娘；
波光里的艳影，
在我的心头荡漾。

软泥上的青荇，
油油地在水底招摇；
在康河的柔波里，
我甘心做一条水草！

那榆荫下的一潭，
不是清泉，是天上虹
揉碎在浮藻间，
沉淀着彩虹似的梦。

寻梦？撑一支长篙，
向青草更青处漫溯，
满载一船星辉，
在星辉斑斓里放歌。

但我不能放歌，
悄悄是别离的笙箫；
夏虫也为我沉默，
沉默是今晚的康桥！

悄悄地我走了，
正如我悄悄地来；

我挥一挥衣袖，
不带走一片云彩。

山　民

韩　东

小时候，他问父亲
“山那边是什么”
父亲说“是山”
“那边的那边呢”
“山，还是山”
他不作声了，看着远处
山第一次使他这样疲倦

他想，这辈子是走不出这里的群山了
海是有的，但十分遥远
他只能活几十年
所以没有等他走到那里
就已经死在半路上了
死在山中

他觉得，应该带着老婆一起上路
老婆会给他生个儿子
到他死的时候
儿子就长大了
儿子也会有老婆
儿子也会有儿子

儿子的儿子也还会有儿子
他不再想了
儿子也使他很疲倦

他只是遗憾
他的祖先没有像他一样想过
不然，见到大海的该是他了

我微笑着走向生活

汪国真

我微笑着走向生活
无论生活以什么方式回敬我

报我以平坦吗
我是一条欢乐奔流的小河

报我以崎岖吗
我是一座大山庄严地思索

报我以幸福吗
我是一只凌空飞翔的燕子

报我以不幸吗
我是一根劲竹经得起千击万磨

生活里不能没有笑声

没有笑声的世界该是多么寂寞

什么也改变不了我对生活的热爱
我微笑着走向火热的生活

掌上的心

雷抒雁

如果我能把心托在掌上
像红红的草莓
托在厚厚的绿叶上
那么，你就会一目了然
你就会说
哦，多么可爱的红润

可是，如果我真的把心托在掌上
像红红的草莓
托在厚厚的绿叶上
那么，定会被可恶的鸟啄破
我该怎么说呢
该怎么表达这裂心的痛苦

湘绣被面

（台湾）向　明

四只翩跹的紫燕
两丛吐蕊的花枝

就这样淡淡的几笔
便把你要给大哥说的话
密密绣在这薄薄的绸幅上了

好耐读的一封家书啊
不着一字
折起来不过盈尺
一接就把一颗浮起的心沉了下去
一接就把四十年睽违的岁月捧住

迟疑久久，要不要把封纸拆开
一拆，就怕滴血的心跳了出来
最是展开观看的刹那
一床宽大亮丽的绸质被面
一展就开放成一条花鸟夹道的路
仿佛一走上去就可以回家

能这样很快回家就好
海隅虽美，终究是失土的浮根
久已呆滞的双目
终须放纵在家乡无垠的长空

只是，这绸幅上起伏的折纹
不正是世途的多舛
路的尽头仍然是海
海的面目，也仍
狰狞

乡　愁

（台湾）余光中

小时候
乡愁是一枚小小的邮票
我在这头
母亲在那头

长大后
乡愁是一张窄窄的船票
我在这头
新娘在那头

后来啊
乡愁是一方矮矮的坟墓
我在外头
母亲在里头

而现在
乡愁是一湾浅浅的海峡
我在这头
大陆在那头

十四行诗（第54首）

（英）莎士比亚

啊，美如果有真来添加光辉，

它就会显得更美，更美多少倍！
玫瑰是美的，不过我们还认为
使它更美的是它包含的香味。
单看颜色的深度，那么野蔷薇
跟含有香味的玫瑰完全是一类，
野蔷薇自从被夏风吹开了蓓蕾，
也挂在枝头，也玩得如痴如醉；
但是它们的好处只在容貌上，
它们活着没人爱，也没人观赏
就悄然消亡。玫瑰就不是这样，
死了还可以提炼出多少芳香。
可爱的美少年，你的美一旦消亡，
我的诗就把你的真提炼成奇香。

赞　歌（片断）

——致荷尔德林

（德）黑格尔

请不要把神圣事物任意践踏，
以致只能成为人们的美好忆念。
请不要把它变成诡辩者
手中的玩物和商品，
买到它只用一个小钱。
请不要把它变成一件外衣，
披在花言巧语者身上，
成为绚烂的伪装。
请不要把它变成一头空空
玩童们手中的花棍，

只能在别人的舌尖上，
去找寻自己的生命之根。
女神啊，你的儿子们
一定要珍惜你的光荣，
要把它深深地密藏在
自己的胸中，
而不是去到大街小巷到处卖弄。

四件珍宝

（波斯）鲁达基

人世间有四件珍宝，
能使人们摆脱忧愁，
充满欢笑：
健康的身体、高尚的品德、
良好的名声、聪明的头脑。
上天一旦把这四件珍宝
恩赐给了哪个人，
他就会生活得
幸福安康，其乐陶陶。

喜　信

（保加利亚）彼得罗夫

一封充满喜讯的书信
使我如此心欢！
我看着封面的邮戳，
一算已走了几天。

我在想：那就是说，
昨天我那般悲伤的时候，
这张充满欢乐的小纸
早已离开发信人高飞远走。

那就是说，有时候我们觉得
世界是如此暗淡无光
人们啊，莫悲伤——
喜信就在路上！

你，不要挤

（英）狄更斯

你，不要挤，
世界那么大，
它容得了我，也容得了你。
所有的大门都敞开着，
思想的王国是自由的天地。
你可以尽情地去追求，
追求人世间最美好的一切。
只是，你得保证，
保证你自己
不使别人感到压抑。

不要把善良从灵魂深处赶走，
更得严防丑恶悄悄潜入你的心底。
给道德以应有的位置，
让每一天都成为一项严峻的记录，

面对它你应当问心无愧。
给人以生的权利，活的余地，
可千万千万
别挤！

网

于　沙

网，是残缺的完整，完整的残缺。

撒下去，水因网的残缺而回归原处；

拖上来，鱼因网的完整而在劫难逃。

不要害怕残缺，也不要固守完整。

这个世界和我们自己，就是在残缺和完整的交替中，运行着，变化着，走向成熟的。

网啊，是一部张收有致的辩证法。

时　间

徐柏容

时间，它是永恒的，又是稍纵即逝的。

时间，如长流水，水长去，河长存。它万古都是它自己，它又每一刻都不是它自己。

时间，它匆匆而来，又匆匆而去，每一瞬间也存在，同时又消失。

是啊，只有紧紧把握住每一瞬间的人，才能把握住时间……

有人说，时间，是扒手的手。

它窃去少女颊上的红晕、头上的青丝、臂上的凝脂……然后在眼角的皱纹上、鬓边的白发上、打摺的肌肤上，留下它的指印。然而，对勤奋者来说，它也窃去心中的无知、脑中的愚昧、眼中的幼稚…… 然后在知识的枝条上、智慧的绿叶上、成熟的果实上，留下它的指印。

时间是一双永远睁着的眼，无所不在地君临一切。什么也不能片刻逃过它的视野。它记下一切，像潮水在沙滩上留下一道道印痕。

然而，它记得太多了，太多了，那印痕一道连着一道，一道重叠一道…… 于是，似乎一道印痕也看不见了。一抹平滩，仿佛一无印痕。

——是啊，时间不是靠记忆生活，而是靠勇往直前……

爱之路

屠格涅夫

一切感情都可以导致爱情，导致热烈爱慕，一切的感情：憎恨，怜悯，冷漠，崇敬，友谊，畏惧，——甚至蔑视。是的，一切的感情…… 只是除了感谢以外。

感谢——这是债务；任何人都可以摆出自己的一些债务…… 但爱情——不是金钱。

钟　声

傅　磊

除夕之夜。

悠悠的钟声响彻中国大地，这是怎样的一种钟声啊！洪亮而纯粹，博大而精深。它发自岁月的心脏，悠悠扬扬，震撼大地，气吞山河，而新的一年就在富有号召力的旋律中拉开了帷幕。

这悠悠的钟声，曾在商周祭天的天坛上响起；曾在秦代国宴的深宫里响起；曾在“枫桥夜泊”的游子耳畔响起；曾在“沙场点兵”的将帅心中响起；如今又年复一年地震荡在中国大地上，几千年来音韵袅袅。

你听懂这钟声了吗？

你听懂它发出的召唤了吗？它在说岁月流逝，脚步匆匆，每一个人在逝去的韶光前，要无怨无悔。那韵律像激越的钟声，催人迈向新的征途。

你听懂了它的叹息了吗？它长叹世上某些人的贪得无厌，它叹息某些人庸庸碌碌，它嗟叹有些人胆小懦弱，它怨叹有些人虚掷光阴……

你听懂了它的劝诫了吗？它规劝人要努力奋斗，它告诫人要胸怀宽阔，目光远大，志存高远。

啊！那钟声，绕梁三日的钟声啊！那里凝聚了几千年中国的文化传统，它是时光老人睿智而含蓄的话语，读懂了它，也就领悟了生活的真谛。

基　石

赵丽宏

在赞美过那些青铜的、汉白玉的、大理石的、花岗岩的雕像之后，我们也来赞美它们吧，赞美那些默默无闻的基石。

谁也不会关心它们属于何种家族，也不会关心它们来自何方。人们的目光总是越过它们，久久地投落在被它们托起的雕像上。

你知道吗，它们的本质常常和那些雕像一样呢！它们也来自巍峨的高山，来自深深的地层，来自轰轰烈烈的采石场。如果雕刻家们肯在它们身上花工夫，它们也可以被琢磨成高贵的雕像，再现出伟人和英雄们的形象，永久地被世人瞩目、崇敬。然而它们只是成了垫底的基石。

是的，如果所有的青铜、大理石、汉白玉和花岗岩都变成高贵的雕像，那就泛滥成灾了！基石们懂得这个道理，所以它们默默地、毫无怨言地躺在雕像的脚下，用它们的粗糙来衬托雕像的精美，用它们的质朴来显示雕像的高贵……

想象一下：如果没有它们，雕像们会怎么样呢？

瞄准前方

阿　健

“我无意于手中的鲜花，只钟情前面更美的花园。”一位成功的女士如是说。

“我没有时间关心脚下绊倒我的石头。”一位商海中屡屡受挫又屡屡站起的男人如是说。

“我不期望有幸运降临，我只要自己的路在一点一点地向前延伸。”一位刚刚踏上生活之旅的年轻人如是说。

三位年龄、性别、经历大不相同的人，却道出了一样的生活真谛——人生，无须俯视，也无须仰视，只须瞄准前方。

因瞄准了前方，我们迎风张开了猎猎作响的信仰的旗帜，我们把跋涉千山万水的豪情，挥洒在风雨相随的漫漫长旅。

因瞄准了前方，我们陡然发觉，自己也是一轮太阳，也能够并且完全可以升起，自己也是一条激情荡漾的溪流，也能涌入大海的怀抱。

因瞄准了前方，我们更深刻地理解了“有一种跌倒叫站起”、“有一种失落叫收获”、“有一种失败叫成功”这样的生活哲理，我们懂得了“风雨中那点痛算什么”，也更相信“踏平坎坷成大道”实在是生活中最常见的一道风景。

瞄准前方，困境中诞生了传奇的人生，平凡中走出了骄傲的身影，一个个不可思议的奇迹，纷纷撞击着我们的瞳孔；一个个辉煌的故事，感动着我们渴望充溢的心扉；一串真实的足印，验证着我们无法遏制的激情、智慧和力量！

瞄准前方。前方永无止息的召唤，让我们无暇顾及那些烦恼、忧虑和踌躇，只有带上信心、热情、勤奋，去拼，去搏，去书写生命亢奋的篇章……

梯 子

（新加坡）周 粲

年轻的爸爸和他的儿子一起在后花园放风筝。小小的园地，小小的风筝。

小小的风筝飞呀飞的，就飞到了墙头上。墙头上的野花，把风筝紧紧缠住。

于是爸爸说，必须去拿一架梯子来，然后爬上梯子，但是儿子说："爸爸让我来吧！"

爸爸看了看他九岁的儿子，想了又想，终于说："也好，让你来就让你来。"

猴子一般地，儿子爬到梯子的最高一级了。

儿子转过头来，嘻嘻地笑。他的笑声，像用早晨的牵牛花吹出来的。

解开了风筝绕在野花上的线，正要下来，爸爸却用一只大手和一个声音制止了他。爸爸说："慢着！"

儿子停住了，望着爸爸，用眼睛问爸爸："怎么啦？"

爸爸说："我先讲个故事给你听了，你才下来。"

于是儿子笑得更开心，他一手抓住梯子，一手拿着风筝，等爸爸讲故事。爸爸讲的故事，没有一次是不好听的。

爸爸说："从前有个爸爸，告诉他那个站在一架很高很高的梯子上的儿子说：'你跳下来，你一跳下来，爸爸一定会在下面把你抱住。'听见爸爸这么说，儿子很放心，就像游泳时跳进水里去一样，纵身一跳。哪里知道当儿子就要投进爸爸的怀抱里的前一秒钟，爸爸的身体一闪，站在一旁。儿子扑了个空，掉在地上，屁股差一点儿开花。哭哭啼啼地站起身来，儿子问爸爸，为什么要骗他。爸爸说：‘我要给你一个教训，连你爸爸的话都靠不住，别人说的话，更不必说了。’”停了一停，爸爸继续说，“我们也来照着做一次好不好?”

儿子一听，脸都变白了。

爸爸说：“不要怕，勇敢一点，你只要跳那么一次就行了。我要你留下深刻的印象，免得你以后长大了，容易上人家的当。”

但是儿子显然并没有被爸爸的话所说服。他脸上惊愕的表情，丝毫没有消退，然而他还是不敢违抗命令。他站在那儿，动也不敢动。

爸爸开始发号施令了：“听着啊，我喊一二三，喊到三的时候，你就跳下来，然后我就把伸出去假装要接住你的手缩回来，让你跌一个屁滚尿流!”

站在梯子上，儿子的脸像一粒还没有熟透的橘子。

爸爸喊了：“一……二……三!”

咬紧牙关，忍住泪，儿子从梯子上跳下来了。他等待着自己的身体像一个南瓜，噗的一声，摔得支离破碎……

然而，好奇怪！爸爸的手竟然没缩回去，他的身体也没移开。他还是定定地站在原来的地方。他把掉到他两手中的儿子，牢牢固固、结结实实地接住了，抱住了。

儿子虽然不曾受伤，但是他的神情，比刚才还要疑惑，张大了眼睛，他问：“爸爸，你为什么骗我?”

爸爸笑出声来。爸爸说：“爸爸要让你知道：即使是别人的话，有时也是可以信任的，何况是你爸爸的话呢!”

所有的玫瑰花，都回到了儿子脸上。他搂住爸爸，不住地吻爸爸的双颊。

爸爸和儿子拉着风筝，向园的一角跑去。

一个复杂的故事

绍　六

“张工，看了你的《职工经济状况调查表》，想核实一下你在‘其他负担’一栏内填的15元，我们不明白……”

“那是寄给我妹妹的，在房县上畈中学，不信我可以将历年的每月汇款收据……”

“别误会，不是不相信你每月寄这15元，是想问你为什么要寄这15元。”

“为什么？因为她是我妹妹，在我困难的时候——你知道我有整整7年，每月只拿生活费——她每月寄15元支持我的家庭，直到我平反恢复名誉，还因为我的‘问题’影响了她的毕业分配，在山凹凹里呆了15年。如今她有困难，我……”

“他们夫妇只一个孩子，农村生活也低，不至于有困难吧!”

“不，他们每月要给妹夫家乡应山县寄15元。”

“你妹夫要供奉双亲?”

“不，妹夫的双亲早亡。”

“那寄钱给谁呢?”

“寄给妹夫服役时的战友罗元凯的家。”

“姓罗的收入低?”

“他在中越边界自卫反击战中牺牲了。”

“啊——当地政府应当照顾这位烈士之家呀!”

“照顾得不错。不过，烈士的父亲每月要寄15元给烈士生前的部队所在地襄阳。”

“寄给谁呢?”

“烈士生前曾救过一位盲人老太婆，并坚持每月照顾15元，罗元凯同志牺牲后，烈士的父亲按照儿子的心愿，继续照顾这位老人。”

“原来是这样。不过，你寄钱给你妹妹，妹夫寄钱给应山，应山寄钱给襄阳，这未免太复杂了。”

“难道有什么简单的办法吗?”

“你若直接寄钱给襄阳，不就省去几道关节和邮费吗?”

“这个……可是，生活并不是数学，人的感情更不是数学呀!”

参考书目

[1] 张颂．中国播音学．北京：北京广播学院出版社，1994

[2] 黄伯荣，廖序东．现代汉语．北京：高等教育出版社，1996

[3] 林俊卿．歌唱发音的科学基础．上海：上海文艺出版社，1984

[4] 许讲真．歌唱语言艺术．大连：大连出版社，1992